Zufällige Heimat

Nagesh Uruthira Moorthy - Biografie

Sylvia Sangare

ISBN: 978-3-9526018-0-8

Die energische, junge Isa war in Jaffna bei ihrer Mutter aufgewachsen. Ihr Vater, ein Landwirt, war früh verstorben. Isa hatte Gesang studiert und war ausgebildete Kindergärtnerin. Sie wurde nun Hausfrau und bald schon Mutter der Tochter Sujeetha.

Nach seiner Heirat arbeitete Moorthy als Lehrer bei verschiedenen Privatschulen Jaffnas. Zusätzlich unterstützte er Schüler bei ihren Prüfungsvorbereitungen. Es war in Sri Lanka üblich, dass die Eltern ihren Kindern solche Stützkurse finanzieren, es gab also genug zu tun für Moorthy. Er schloss eine Ausbildung als Buchhalter ab und absolvierte Zusatzausbildungen in Wirtschaftsfächern.

Täglich um vier bis sechs Uhr morgens versammelte er zuhause seine Schüler zur Matura Vorbereitung. Dann brach er jeweils mit seinem Motorrad auf, um bis neun Uhr in Privatschulen Handel, Wirtschaft und Buchhaltung zu unterrichten, brachte Sujeetha anschließend in den Kindergarten und besuchte, als dies erledigt war, Vorlesungen für sein Ökonomiestudium, welches er 1976 angefangen hatte. Am späten Nachmittag, müde zuhause angekommen, erwarteten ihn dann die Schüler für ihre Abendkurse.

Moorthy finanzierte seine Lehrgänge weitgehend selber, aber Isa war ihm ab und zu behilflich, anfangs mit Geld, welches Isas Mutter ihr zusteckte. Während seines Studiums teilten sich die Moorthys ein Haus mit einer singhalesischen Familie. Seine Lehrertätigkeit und Isas Goldschmuck ermöglichten ihnen später in Nallur, einem Vorort von Jaffna, ein mit Mangobäumen bestücktes Land zu kaufen. Sie bauten darauf ihr Heim, Studienkollegen packten mit an, um die Kosten für den Umzug einzusparen.

Vor seiner Studentenzeit interessierte sich Moorthy nicht für Politik. An der Uni hatte er tamilische und singhalesische

Studienkollegen, die miteinander in ihren beiden Sprachen diskutierten, und zusätzlich auf Englisch. Der Unterricht wurde für die gleichen Fächer auf Singhalesisch und Tamilisch angeboten. Moorthy bemerkte keine Spannungen zwischen den beiden ethnischen Gruppen, jedenfalls nicht am Anfang seiner Studienzeit. Er sah auch anfangs nicht, dass die Regierung schon länger den Bruch zwischen der singhalesischen Mehrheit und der tamilischen Minderheit vorbereitete; dies mit verhängnisvollen Folgen.

3) Erste Anzeichen

« In den ersten Jahren als ich nach meiner Rückkehr aus Bern wieder in Jaffna Fuß fasste, schlitterte Sri Lanka immer mehr auf die Katastrophe zu. Neue, mir unverständliche, Dekrete zementierten unaufhaltsam die Radikalisierung zwischen Singhalesen und Tamilen; unsere Kolonialgeschichte holte uns mit großen Schritten ein.

1948, nach Sri Lankas erkämpfter Unabhängigkeit von Großbritannien, blieb Englisch zunächst unsere Amtssprache. 1956 kam aber die singhalesisch-nationalistische Partei ‚Sri Lanka Freedom Party', mit dem Premierminister Sirimavo Bandaranaike, an die Macht. Als sie im gleichen Jahr den ‚Sinhala Only Act' verabschiedete, wurde von einem Tag auf den anderen Singhalesisch zur einzigen offiziellen Amtssprache. Sie war nun Voraußetzung für jede Staatsstelle, den meisten tamilischen Beamten blieb nichts anderes übrig, als ihren Schreibtisch zu räumen. Wir Tamilen wurden auch in den tamilischen Regionen aus den Ämtern gedrängt. Tamilische Polizisten wurden durch Singhalesische ersetzt, wir fühlten uns immer mehr als Bürger zweiter Klasse. Tamilisch blieb aber in den tamilischen Gebieten die Hauptunterrichtssprache.

Wir Tamilen waren zu Beginn der Unabhängigkeit in den Staatsstellen anteilsmäßig stark vertreten. Denn die britische Kolonialregierung setzte auf die gut ausgebildete tamilische Minderheit und förderte diese, um Posten in der Verwaltung zu füllen. Doch jetzt verringerte sich die Zahl der tamilischen Beamten im Nu. Ich fühlte mich ohnmächtig angesichts dieser Entwicklung. Aber wie die meisten anderen wartete ich erst einmal ab, was weiter geschehen würde.

Ab 1971 wurden von tamilischen Studierenden für den Eintritt in die Universität bessere Zeugnisse gefordert, und während des Studiums bessere Prüfungsnoten, als von singhalesischen Studierenden. Das neue ‚Standardisation‘ Gesetz gestand Tamilen nur eine beschränkte Platzzahl an der Universität zu. Die Anzahl der tamilischen Studenten schwand schnell. Unsere Notlage diskutierte ich oft mit meinen Unikollegen. Vielleicht lag es an meiner Erziehung, dass ich, obwohl ich mich erniedrigt fühlte, niemals an Widerstand dachte.

Mein Lehrerkollege Vive und ich fassten den Entschluss eine Schule zu gründen, welche jungen Tamilen und Tamilinnen die gleichen Chancen auf ein Universitätsstudium eröffnen sollte, wie singhalesischen Schülern. Wir wollten die Situation für unsere Studenten irgendwie retten. Das heißt, unser Ziel war, unsere Studenten auf ein höheres Niveau, als die singhalesischen Studenten, zu bringen.

1973 eröffneten wir die Privatschule ‚Northern Best Institute‘. Ich überredete Isa, dass wir ihr goldenes Armband verkaufen und damit Tische und Bänke anschafften, denn wir hatten kein Kapital für diese Schule. Wir stellten mehrere Lehrer ein, ich selber unterrichtete Handelsfächer und bereitete die Schüler auf die Matura vor. Die jungen Tamilen waren ehrgeizig, die Schule wurde ein großer Erfolg und wir mussten sie bald erweitern.

Um auch Kurse nach der Maturastufe anzubieten, gründeten wir zwei Jahr später das ‚Jaffna Law Center‘, wo Recht, aber auch andere Fächer unterrichtet wurden. Das Publikum dieser Schule waren Tamilen und Tamilinnen, welche eigentlich die Voraussetzungen für ein Studium an der Universität erfüllten, aber keinen Studienplatz erhielten, da der Zugang für Tamilen durch eine Quote beschränkt war. Ich war stolz auf unsere Schule, sie war in ganz Jaffna bekannt. Wir sorgten dafür, dass ihr Name und ihre Plakate überall zu sehen waren. Wir hatten das Richtige getan, denn die Nachfrage war groß. Ich erinnere mich an einen Nachmittag, an dem sich etwa neunzig Schüler in den Saal drängten und ich mit einem Mikrofon unterrichten musste. Manchmal dachte ich auch, dass wir der singhalesischen Regierung mit dieser Schule in die Hände arbeiten, aber diese Gedanken halfen niemandem.

Die Regierung verunsicherte uns durch weitere Schikanen. 1972 wurde der Buddhismus, die Religion der singhalesischen Mehrheit, zur Staatsreligion erklärt. Hinduistische Kulturgüter unserer tamilischen Bevölkerung wurden kurzerhand aus Museen und offiziellen Publikationen verbannt. Da ich nie sehr religiös war, spielte das Gesetz in meinem Alltag keine Rolle, aber die verächtliche Haltung uns gegenüber war unerträglich. Spätestens jetzt wurde der tamilischen Bevölkerung klar, dass ihr die Abschaffung ihrer fundamentalsten Rechte bevorstand.

Es überrascht wohl keinen, dass sich auf diesem Nährboden, aufgebrachte Tamilen in politischen und militanten Gruppierungen zusammentaten, welche immer lauter gleiche Rechte und schließlich sogar unabhängige tamilische Gebiete forderten. Ich bewunderte den Mut dieser jungen Leute, mischte mich aber nicht ein, um meine Tätigkeit an der Schule nicht zu gefährden.

Die heute bekannteste militante, und größte Gruppierung war die Organisation ‚Tamil New Tiger', später ‚Liberation Tigers of Tamil Eelam' (Heimatland), LTTE genannt. Sie wurde 1972 vom erst achtzehnjährigen Vellupillai Prabhakaran in Kilinochi gegründet. Die zunächst unbedeutende LTTE spezialisierte sich auf Anschläge gegen die singhalesische Polizei und Armee in Jaffna. Gleichzeitig entstanden auch die TELO, PLOTE und die EPRLF. Alle hatten sie zum Ziel, einen unabhängigen Tamilenstaat im Norden und Osten des Landes durch bewaffneten Kampf zu erzwingen.

Studenten verbündeten sich 1974 zu der einzigen gewaltlosen Organisation, der ‚Tamil United Liberation Front‘, der TULF. Sie nahm unsere tamilischen Interessen ausschließlich politisch wahr. Die TULF erzielte 1977 an den Parlamentswahlen, mit der Forderung nach einem unabhängigen tamilischen Teilstaat, große Erfolge in den tamilisch dominierten Siedlungsgebieten. Viele unserer Studenten waren TULF-Aktivisten.

Die Positionen verhärteten sich und als es in Jaffna wegen Konflikten zwischen Sicherheitskräften und Studierenden zu heftigen Auseinandersetzungen kam, verließen sämtliche singhalesische Studierende fluchtartig die Universität des tamilischen Jaffnas.

Ich wurde bald Sympathisant der TULF, da meine Studenten sich für sie engagierten. Weil sie nicht militant war und ich Gewalt verabscheue, zog ich die TULF anderen Gruppierungen vor. Schon bald trug man mir zu, dass mich die Armee verdächtige, Studenten anzustiften, sich der TULF anzuschließen.

Die Studenten organisierten laufend Proteste gegen das ‚Standardisation‘ Gesetz. Die Situation war explosiv, es kam immer öfter zu Ausschreitungen zwischen Studenten und der Polizei. Immer mehr tamilische Studenten verschwanden, die einen wurden verhaftet, die anderen schlossen sich militanten Gruppierungen an. Die Unterrichtssäle leerten sich, auch Lehrer und Professoren wurden verhaftet, ich bekam es immer öfter mit der Angst zu tun.

Die Unruhen breiteten sich zunehmend von den Universitäten auf die ganze Bevölkerung aus. Die singhalesisch dominierten Gebiete im Süden und Westen des Landes strudelten in eine Gewaltspirale, die eine Massenflucht zehntausender tamilischer Einwohner in den tamilischen Norden und Osten auslöste. Daraufhin schwenkte die singhalesische Regierung ein und ließ die tamilische Sprache in der Verwaltung wieder zu, dies beruhigte aber beide Seiten keineswegs. 1978 verbot die Regierung die jetzt einflussreiche LTTE und die anderen bewaffneten Gruppierungen, was kaum überraschend, die Fronten noch verhärtete. Ein Jahr später rief die Regierung in Jaffna den Ausnahmezustand aus. Diesem folgte der ‚Prevention of Terrorism Act' 1981; jeder konnte nun ohne Anklage jederzeit verhaftet werden. Auch dies verhinderte nicht, dass sich im Norden Sri Lankas die Anschläge durch die Boys, wie wir die Kämpfer der bewaffneten tamilischen Gruppen nannten, häuften.

Als im Juni 1981 zwei singhalesische Polizisten in Jaffna umkamen, brachen auch die letzten Dämme, welche den Irrsinn noch hätten aufhalten können. Von Panik ergriffen flüchteten die ersten Tamilen ins Ausland.

Ich unterrichtete weiterhin an meiner eigenen Schule, dem ‚Jaffna Law Center' und schloss in jenem Jahr mein Ökonomiestudium ab. Es war ein Glücksfall, dass ich gleich eine Stelle als Lehrer im Polytechnikum in Jaffna antreten konnte. Allerdings wurde es immer schwieriger, die Illusion eines normalen Alltags aufrechtzuerhalten. Bei jeder Schulbank, die leer blieb, graute es mir. War der Student als Opfer oder Fanatiker am Unterricht verhindert?

Jeden Moment konnten auch wir verhaftet werden, bei der Arbeit, auf der Straße oder zuhause. Ich schlief schlecht und war nervös. Isa sorgte sich jeden Tag, dass ich abends nicht mehr nach Hause käme. Ich wollte weg, aber nicht aufs indische Festland, wie dies andere taten, wo ich in einem Flüchtlingslager hausen müsste, in einer wahrscheinlich schäbigen Hütte, ohne Arbeit und ohne Perspektive auf ein normales Leben.

Damals flüchteten noch nicht viele Tamilen aus Sri Lanka; nur die, welche die finanzielle Möglichkeit hatten, schon früh die Gefahr eines drohenden Bürgerkriegs erkannten und glaubten genügend Englisch zu können und genug gebildet zu sein, um anderswo eine gute Stelle zu finden. Es flohen vor allem Männer, welche die Armee als tamilische Oppositionelle verdächtigte. Frauen und Kinder blieben zuhause in Sri Lanka. Alle dachten, dass die Flucht nur eine vorübergehende Lösung war und die Männer bald wieder nach Hause kämen. Dass der Krieg fast dreißig Jahre andauern würde, hätte damals niemand geglaubt.

Da meine Stelle als Hochschullehrer für mich sprach, und zudem ein tamilischer Bekannter in Deutschland für mich bürgte, erhielt ich, zu meiner Überraschung, problemlos ein Einreisevisum für Westdeutschland. Auch mehrere meiner Bekannten migrierten in die verschiedensten Länder, da wo sie eben gerade Verwandte oder Freunde hatten. Auf diese Weise fielen die Entscheide, wo jeder von uns in Zukunft leben würde. Ich besprach mit Isa, dass ich vorübergehend aus Sri Lanka verschwinden und bald wiederkehren werde, wenn sich die Lage beruhigt habe. Ich hatte meinen guten Freund Vivekananthan in Stuttgart, also trat ich nach kurzen Vorbereitungen, Mitte 1982 meine Reise von Jaffna nach Frankfurt an, um in Deutschland Zuflucht zu finden. Doch Deutschland wurde mich nach wenigen Tagen wieder los. »

4) Mansarde in Bern

Nach einer eintägigen Busfahrt traf Moorthy am 6. Juni 1982 in Jaffna ein und flog von dort nach Frankfurt, wo er einen Zug nach Ludwigsburg bestieg. Per Taxi legte er die letzte Strecke zurück, zum Haus seines Freunds Vive. Diese Reise stürzte Moorthy innerhalb weniger Stunden in ein Leben, das ihm bis anhin völlig fremd gewesen war. In Vives Wohnung angekommen schlief Moorthy fast augenblicklich ein. Von der strapaziösen Reise und den ungewohnten Eindrücken wurde ihm schwindlig, zum Beispiel den ordentlichen Schaufenstern, den breiten, aber wenig bevölkerten Straßen, und außerdem schien abends um neun immer noch die Sonne. Meist zog es Moorthy vor, sich in Vives Wohnung zu langweilen, als sich nach draußen zu wagen. Doch er blieb nur wenige Tage in Ludwigsburg. Vive und seine tamilischen Freunde rieten Moorthy dringend, in die Schweiz weiter zu reisen. Sie schickten ihn nach Biel, und behaupteten, in einer Industriestadt würde er keine Probleme haben eine Stelle zu finden. In Wirklichkeit befürchtete Vive, dass er Schwierigkeiten mit den Behörden bekommen würde, wenn Moorthy Deutschland nicht verlasse. Vive würde auch niemanden mehr nach Deutschland einladen können, falls Moorthy trotz seines befristeten Touristenvisums in Deutschland bliebe.

Moorthy war es sowieso gleichgültig, in welches Land und in welche Stadt er reiste, über die Sprachschwierigkeiten machte er sich keine Gedanken, Hauptsache das Land war eine Demokratie. Europa bedeutete Zuflucht und Schutz vor Diskriminierung, das genügte ihm vorerst.

Vive verabredete sich mit einem deutschen Schlepper, der Flüchtlinge ohne Pass und Visum für gutes Geld in die Nachbarländer hinüber schmuggelte. Nach geflüsterten

Verhandlungen auf einem Parkplatz, fuhren zwei Helfer Moorthy und einen tamilischen Mitreisenden nachts in ihrem Auto an einen Waldrand, unweit der grünen Grenze beim schweizerischen Schaffhausen. Sie instruierten dort die verunsicherten Tamilen, sie sollen den Fußweg hinaufsteigen und dann möglichst lautlos die Böschung auf der anderen Seite hinunterklettern, bis sie zu einer Straße kämen. Moorthy war zum ersten Mal in einem solchen Wald und fand es einfach nur unheimlich. Er ängstigte sich auch, dass plötzlich eine Zollpatrouille vor ihm auftauche und er wieder nach Sri Lanka zurückgeschickt werde. Angst hatte er auch vor den Hunden, die sie dabeihaben könnten. Während er über Wurzeln und Gestrüpp stolperte, den Fußweg hatte Moorthy schon lange verloren, dachte er womöglich kurz daran, dass er noch vor ein paar Tagen am Polytechnikum in Jaffna gelehrt hatte, und nun in diesem Wald in der Dunkelheit panisch auf das Gebell von Polizeihunden horchte. Moorthys Schuhe waren von Nässe durchtränkt und er sah fast nichts. Er nahm einen Stock und schlug sich, wie er später sagte, wie ein Blinder durch das Unterholz. Sein Begleiter schimpfte, er hätte sicher auch eine andere Fluchtmöglichkeit gefunden, anstatt in diesem elenden Wald zu sterben. Moorthy bat ihn leise zu sein, damit niemand sie hören könne. Nach dem abschüssigen Gelände erreichten sie endlich die Straße, wo die beiden Schlepper in ihrem Auto auf sie warteten. Diese höhnten, Moorthy und sein Begleiter hätten für einen zehn minütigen Fußweg eine volle Stunde gebraucht.

Die Deutschen setzten die beiden Tamilen vor einem Hotel ab und verschwanden wortlos. Moorthy und sein Kollege verlangten auf Englisch und mit Handzeichen ein Zimmer, wo sie ihre schmutzigen Kleider und Schuhe wuschen und trockneten. Es war ein trostloser Empfang in der Schweiz. Dies war am 13. Juni 1982.

Am nächsten Tag kauften die zwei am Bahnhof Fahrkarten nach Biel, wo sie Amnesty International aufsuchen wollten, um Asyl zu beantragen. Moorthys tamilischer Begleiter hatte eine Telefonnummer von Amnesty bei sich. Dies war ihre einzige Kontaktadresse in der Schweiz. Sie riefen, in Biel angekommen, dort an, nur um zu erfahren, dass sich das Amnesty Büro in Bern befindet. Moorthy bat einen Taxifahrer, er solle sie zu dieser Adresse nach Bern bringen. Dieser fuhr aber die verwirrten Tamilen wieder zum Bieler Bahnhof und riet, sie sollen besser den Zug nach Bern nehmen, dies sei viel billiger. Moorthy versuchte seinen Begleiter aufzumuntern, fühlte sich aber selber unbehaglich dabei, in der Schweiz ohne Visum herum zu irren. Schließlich standen sie am späten Nachmittag, nach vielem Herumfragen, im Amnesty Büro in Bern und bekundeten dem etwas überrumpelten älteren Herrn: „Wir möchten Asyl beantragen." Der freundliche Mann machte ihnen trotz seiner geringen Englischkenntnisse verständlich, dass sie bis am nächsten Tag warten müssten und außerdem seien Asylanträge bei der Polizei zu stellen, nicht bei ihm. Der Mann verschaffte ihnen ein Hotelzimmer für die nächste schlaflose Nacht. Moorthy wurde allmählich klar, dass er mit Englisch in der Schweiz nicht weit kommen werde, und es so aussichtslos war, eine gute Stelle zu finden.

Am nächsten Tag stellte er bei der Polizei einen Asylantrag, verbrachte die nächsten Tage mit Warten im Hotelzimmer und schlenderte aus Langeweile, hin und wieder die Straße auf und ab. Vieles erschien Moorthy höchst merkwürdig. Er hatte noch nie einen Kaffeeautomaten gesehen, so einer wie er im Polizeiposten stand; Erotik-Zeitschriften offen am Kiosk ausgelegt, undenkbar in Jaffna; die riesigen Schachfiguren im Park und die vielen älteren Menschen in der Stadt, es gab kaum Junge, schien ihm. Und kleine Hunde an Leinen fand Moorthy ziemlich lächerlich. Er wusste nicht genau, was er erwartet hatte, aber die neue Welt entsprach nicht seinen Vorstellungen.

Endlich wurde er auf einem Polizeiposten zu seinen Asylgründen befragt. Bei den Asylbefragungen waren normalerweise Dolmetscher anwesend, da Moorthy aber einer der ersten tamilischen Migranten war, wurde er auf Englisch befragt und antwortete in besserem Englisch als der Beamte. Seine Familie in Sri Lanka, sein ganzes Leben wurde abgefragt und warum er fliehen musste, aber auch, wieso Moorthy nicht in einen anderen Landesteil Sri Lankas geflüchtet sei. Das war die Standardfrage, auf die sich später viele Asylbewerber vorbereiten würden. Als ob er im Singhalesischen Teil des Landes als Lehrer irgendeine Chance gehabt hätte, argumentierte Moorthy. Er hatte erwartet, Verständnis für seine Flucht zu finden. Stattdessen musste er sich rechtfertigen und überzeugen, dass seine Gründe, Sri Lanka zu verlassen nicht ganz andere gewesen wären als angegeben. Nach dem Verhör, wie es Moorthy für sich nannte, fühlte er sich vollkommen ausgelaugt.

Moorthy und sein Kollege wurden einer Notschlafstelle für Obdachlose zugewiesen. Dort waren sie die einzigen Ausländer. Moorthy war dankbar, dass der väterliche Mann von Amnesty, sein einziger Trost, den Kontakt mit ihnen nicht abbrach und zustande brachte, dass sie ab dem nächsten Tag in einem Kirchgemeindehaus die Küche benutzen durften. Sie kauften Reis, Kartoffeln, Zwiebeln, Paprika, Salz und anderes was sie für tamilische Gerichte benötigten und versuchten, sich in der Küche zurechtzufinden. Es war nicht leicht für Moorthy, der leidenschaftlich gerne kochte, ohne tamilische Gewürze und Chilipulver auszukommen. Doch dies war besser als nichts, denn sie konnten mit dem europäischen Essen nichts anfangen. Für Moorthy war das ungewohnte Essen schlicht ungenießbar, fad und trocken. Deshalb waren er und sein Kollege eigentlich immer hungrig und auf der Suche nach etwas Essbarem. Einmal an einem Wurststand verlangten die beiden Brot nur mit Zwiebeln, ohne Wurst. Die verwirrte Verkäuferin drückte ihnen schließlich das Sandwich in die Hand und gestikulierte, sie gäbe es gratis.

Ein anderes Mal erblickten sie das Wort CHICKEN! auf der Tafel vor einem Restaurant und rannten fast hinein. Aber die Mittagszeit war vorbei und der Koch schon weg. Der gutmütige Wirt versprach, sie sollten in einer Stunde zurückkommen, dann sei eine Mahlzeit für sie bereit. Solche Begegnungen halfen Moorthy, die erste Zeit zu überstehen, denn er fühlte sich vor allem unwillkommen. Am liebsten wäre er wieder ins nächste Flugzeug gestiegen und nach Sri Lanka abgereist.

Eine Woche etwa nach seiner Ankunft wiesen die Behörden Moorthy eine Stelle als Reinigungsarbeiter im Restaurant Aarberger Hof in Bern zu; zum Angebot gehörte auch eine Mansarde mit einem dürftigen Gasofen. Moorthy hatte keine wirkliche Vorstellung von der Aufgabe, die ihn erwartete, war aber froh, etwas verdienen zu können. Während der Asylbefragung bei der Polizei auf Berufskenntnisse angesprochen, sagte Moorthy: „Ich kann auch kochen.", wurde aber darauf hingewiesen, dass es eine Ausbildung brauche, um als Koch zu arbeiten. Moorthy glaubte dies damals dem Polizisten nicht und begriff erst später, dass Kochen in Europa eine besondere Tätigkeit ist, vor allem für die Männer.

Moorthy fing um sechs Uhr morgens an, die Böden auf zwei Stockwerken aufzuwaschen, schrubbte die Küche und die Toiletten sauber. Während den Essenszeiten half er beim Abwasch. Er packte kräftig mit an, aber fand es grässlich. Seit seinem Einsatz auf der Ausgrabungsstätte in Sri Lanka, war dies seine langweiligste Stelle, sagt er. Die Tage waren endlos und Moorthy hatte viel Zeit, sich um seine Familie und seine eigene Situation Sorgen zu machen. Er war es nicht gewohnt, stundenlang allein zu sein, oder mit Menschen zusammen, mit denen er sich kaum verständigen konnte. Das einzig interessante an der Arbeit war für Moorthy, dass er manchmal eine am Boden liegende Geldmünze einstecken konnte. Dies kam selten vor, es waren Glücksfälle und es war ihm gleichzeitig unendlich peinlich.

Moorthy schrieb an seine Verwandten und Freunde in Sri Lanka, er arbeite in der Nahrungsmittelindustrie und unterhalte Maschinen. Es sei überhaupt nicht anstrengend. Er konnte ihnen nicht mitteilen, was er, der in Sri Lanka sehr geschätzte Dozent einer Hochschule, in Bern wirklich machte. Isa freute sich, dass er so schnell eine gute Stelle gefunden habe.

Nach Feierabend schlenderte Moorthy mit seinen tamilischen Kollegen durch die Altstadt. Moorthy besaß nicht genügend Geld, um etwas anderes zu tun, und immer in seinem Zimmer hocken, mochte er nicht. Ziele bei diesen Spaziergängen waren meist Parkanlagen. Aber der Bahnhof war sein liebster Aufenthaltsort, denn dort konnte er neu ankommende Tamilen treffen. Da standen sie dann in der Ankunftshalle oder bei den Treppen zu den Perrons, schlugen die Zeit tot und wurden dabei von den Bernern misstrauisch beäugt. Moorthy traf bei einem dieser Spaziergänge seinen früheren Bekannten Jeya. Mit ihm zusammen mietete er wenig später ein größeres Mansardenzimmer. Bald trafen sie zwei andere junge Tamilen und unternahmen von da an alles immer zu viert. Manchmal war es Moorthy aber zu kalt draußen und er schrieb in seinem Zimmer Briefe oder las.

Kurz vor Moorthys Flucht nach Bern trat in der Schweiz das erste Asylgesetz in Kraft, denn immer mehr Flüchtlinge aus verschiedensten Ländern suchten in der Schweiz Asyl. Moorthy war einer der ersten vier tamilischen Asyl-Gesuchsteller, ein Jahr später hatten schon rund hundert

Tamilen Asyl beantragt.

Moorthy diskutierte oft mit seinen Kollegen was passieren würde, falls sie von einem Tag auf den anderen nach Sri Lanka zurückgeschickt würden. Moorthy bat die anderen, falls es soweit käme, sollten sie ihm helfen, wenigstens einen Kinderwagen für seinen gerade geborenen Sohn Prahteeb zu kaufen. Sie versprachen es ihm alle. Als Moorthy nach zwei Monaten schon einen Lohn von achthundert Franken erhielt, war es an ihm, den anderen Hilfe zu versprechen.

Ein Jahr lang reinigte Moorthy den Aarberger Hof. Er hielt es nicht aus in seiner freien Zeit herumzusitzen; er schrieb sich nach wenigen Wochen an der Benedict Schule für einen Deutschkurs ein. Dafür setzte er einen großen Teil seines Lohnes ein. Um dieses finanzielle Loch wieder zu stopfen und sich außerdem möglichst rund um die Uhr zu beschäftigen, übersetzte Moorthy für Bekannte von Tamilisch auf Englisch, kochte für tamilische Feste und spielte in einem tamilischen Laien Videofilm mit, in dem er gleichzeitig Kameramann war. Dies half alles nichts, Moorthy fehlte seine Familie sehr. Er versuchte deshalb Isa und seine Kinder in die Schweiz zu holen. Auch sein Chef setzte sich für dieses Vorhaben ein, aber die Behörden lehnten den Antrag ab. Später wurde auch Moorthys Asylgesuch abgelehnt, das war im April 1983.

Es war ein Schock für Moorthy, aber auch eine Erleichterung. Moorthy legte Beschwerde ein gegen den Entscheid, er wollte zwar in Bern bleiben, es zog ihn aber gleichzeitig immer mehr nach Hause. Moorthys Großmutter starb, sein neugeborener Sohn wurde krank, ohne dass Moorthy seiner Familie beistehen konnte. Sein Exil in Bern wurde Moorthy immer unerträglicher und er zog im Juli 1983, „aus familiären Gründen" so wurde es notiert, seine Beschwerde gegen den negativen Asylentscheid zurück. Er reiste wieder nach Sri Lanka, direkt in den Krieg.

5) Bruder Krieg

« Nach meiner Rückkehr aus der Schweiz im Juli 1983 und dem überstandenen Massaker in Colombo, fing ich in Jaffna wieder ganz von vorne an. Meine Situation war vergleichsweise komfortabel, eine Lehrerstelle an unserer Privatschule, wenn auch nur für wenige Stunden pro Woche, stand mir natürlich offen. Die öffentlichen Schulen waren geschlossen und viele der Lehrer auf Stellensuche.

Die unruhige Hauptstadt Colombo stürzte innerhalb kürzester Zeit vollends in einen Bürgerkrieg. Ich vernahm täglich Nachrichten von weiteren Gräueltaten in Colombo. Ich las und hörte, dass sie Tamilen lebendig verbrannten und mit Macheten verstümmelten. In einer tamilischen Metzgerei hätten sie Fleisch von tamilischen Menschen an Haken aufgehängt, vielleicht war es wahr, vielleicht auch nicht. Tamilische Häuser und Läden wurden ausgeraubt und niedergebrannt. Mit jeder Neuigkeit wuchs der Hass der Tamilen gegen die singhalesische Regierung. Aber damals bemühten sich die meisten Tamilen noch zwischen den Provokationen der Landesregierung und der singhalesischen Bevölkerung zu unterscheiden.

Innert einer Woche wurden die zwanzig tamilischen TULF-Parlamentarier aus dem Parlament verjagt, sie flohen alle nach Indien. Mehr als die Hälfte der in Colombo lebenden Tamilen floh in den Norden Sri Lankas, andere nach Indien und viele in westliche Länder. Es waren mehrheitlich Bekannte, die uns diese Nachrichten zutrugen, es gab zu dieser Zeit außer den staatlichen singhalesischen nur zensurierte tamilische Zeitungen.

Wir standen am Rande des Abgrunds, alle Hoffnungen auf eine Wende zum Frieden hatten sich zerschlagen. Es war mir schon damals klar, dass dieser Krieg unser Leben lange vergiften würde. Mich deprimierte, dass meine Kinder in diesen Schlamassel hineingeboren waren. Ich besaß nicht genügend Geld, um gleich wieder aus Sri Lanka zu fliehen. Ich musste meine Familie ernähren, dazu kam, dass die Ausreise über Colombo jetzt ein risikoreiches Unterfangen war. Um mein knappes Einkommen aufzubessern, warb ich ein paar Nachhilfeschüler an, aber wir überlebten vor allem dank meiner Videokamera, denn ich filmte an religiösen Festen und Hochzeiten. Obwohl ich kein religiöser Mensch bin und mit Zeremonien eigentlich nichts anfangen kann, tat es mir gut daran teilzunehmen; es bedeutete für ein paar Stunden dem Albtraum zu entfliehen, die tamilischen Familien veranstalteten diese Anlässe unbeirrbar weiter. So schlugen wir uns schlecht und recht fast ein ganzes Jahr durch. Ich klammerte mich an die Hoffnung, dass die Rückzahlung meiner AHV-Beiträge aus der Schweiz, wie versprochen nach einem Jahr eintreffen werde. Ich musste solange durchhalten, bis das beantragte Geld in meiner Hand lag.

Wie vor meiner Flucht nach Bern vor einem Jahr, lebte ich in Jaffna in einem Zustand ständiger Nervosität und war manchmal von Panik überwältigt aufgrund von Racheakten der Armee nach tamilischen Anschlägen und der Benachrichtigung vom Tod oder der Gefangenschaft von Verwandten oder Freunden. Das ging allen so, wir arbeiteten, aber in unseren Köpfen schwammen uns die Gedanken davon. Ich wohnte während diesem Jahr mit Isa, unseren Kindern, Isas Mutter und zwei meiner Brüder in unserem Haus in Nallur. Meine anderen Brüder kamen und gingen wie es ihnen passte. Das Zusammensein gab uns ein Gefühl der Sicherheit, auch wenn es uns in Wirklichkeit vor nichts schützte.

Auf der Jaffna Halbinsel gab es mehrere Armeelager. Schon

seit 1976 hatte sich die Armee in der Gegend installiert, zum Ärger der tamilischen Einwohner, aber vor dem ‚Black July‘ kam es nur zu vereinzelten Auseinandersetzungen zwischen tamilischen Militanten und Soldaten. Seither aber provozierten die tamilischen Boys die Armee durch sogenannte ‚hit and run‘ Überraschungsattacken. Überfälle auf Soldaten während ihren Patrouillen, auf Polizei und Armeeposten, waren an der Tagesordnung. Um an Geld zu kommen, überfielen tamilische Rebellen einmal eine Bank. Nach solch spektakulären Überfällen hatten wir panische Angst, denn darauf folgten Racheakte der Armee, bei welchen sie wahllos Menschen in der Nachbarschaft der Anschläge tötete. Ich weiss nicht mehr wie oft wir dies aus gefährlicher Nähe erlebten, wir resignierten bald und hofften einfach, dass es uns auch beim nächsten Mal nicht träfe.

Polizisten und Soldaten waren meist Singhalesen, aber vereinzelt auch regierungstreue Tamilen, alle aus den singhalesischen Landesteilen. In Nallur, einem Vorort mit Einfamilienhäusern besiedelt, waren alle miteinander bekannt, nur die Polizisten und Soldaten kannten uns nicht und wir mieden sie, wenn immer möglich. Aufgrund des kürzlich in Kraft getretenen ‚Anti-Terrorism Act‘ durften sie uns während ihren Patrouillen jederzeit ohne Grund auf der Straße kontrollieren, mitnehmen und verschwinden lassen. Wir gingen trotzdem auf die Straße; wir mussten ja arbeiten und einkaufen. Außerdem fühlten wir uns auch zuhause nicht sicher. Wir achteten in den Nächten, die wir im Halbschlaf verbrachten, auf jeden Laut, besonders nach Anschlägen der Boys. Wenn ich in die Stadt musste, nahm ich zu meinem Schutz meist meine kleine Tochter Sujeetha mit. Wenn mich die Soldaten und Polizisten mit einem kleinen Kind an der Hand sahen, kümmerten sie sich meist nicht um mich.

In den tamilischen Gebieten entwickelte sich der bewaffnete

Widerstand von spontan entstandenen zu gut organisierten, bewaffneten Gruppen. Indien unterstützte die Boys insofern, als es keine geflüchteten militanten Tamilen an Sri Lanka auslieferte und ihre Ausbildungslager in Südindien duldete. Die Anschläge wurden indes immer gewalttätiger. Ein Bombenanschlag 1984 in Colombo kostete vielen Menschen das Leben. Dann bombardierten die Boys einen Zug, in welchem Soldaten in den Norden reisten. Auch töteten die Rebellen im Anuradhapura Distrikt hundertfünfzig singhalesische Zivilisten aus Rache für den Tod Tausender von Zivilisten im tamilischen Norden.

Während dieser Zeit verletzte oder tötete die Armee mehrere meiner Bekannten. Ein Freund, der jetzt in Röschenz in der Schweiz lebt, hat immer noch eine Kugel im Bein. Ein anderer, der damals gerade aus England nach Sri Lanka zurückgekehrt war, baute eine Hühnerzucht auf. Ich riet ihm für den täglichen Eiertransport ein Motorrad zu kaufen. Er war damit unterwegs, als ein Anschlag auf den Polizeiposten zwischen Jaffna und seiner Hühnerfarm verübt wurde. Von Panik ergriffen beschleunigte er, verunfallte und ist seither im Rollstuhl.

Drei meiner Brüder traten aus Überzeugung verschiedenen militanten Gruppen bei. Ich erfuhr nie Genaues über ihre Tätigkeit. In unserer Nachbarschaft befand sich das Haus des TELO-Anführers, das als Sitz seiner Gruppe diente. Es war ein ständiges Kommen und Gehen. Mein Bruder Bala hatte bei der TELO einen oberen Rang. Er wohnte immer wieder bei uns und nannte unser Haus als seine offizielle Adresse, schlief aber meist bei seinen bewaffneten Freunden im TELO-Haus.

Als ältester Bruder hatte ich zwar die Aufgabe, mich um meine Brüder zu kümmern, so will es die tamilische Tradition, aber sie waren in ihren Organisationen mit Leib und Seele engagiert, so dass sie nicht mehr auf mich hörten.

Sie wussten, dass ich versucht hätte, sie umzustimmen, da ich überzeugt war, dass der bewaffnete Kampf unser aller Ende bedeutete. Ich ängstigte mich ständig um meine Brüder, nichts bereitete mich aber auf den kommenden Schock vor. Ich verlor innerhalb eines Monats drei meiner Brüder.

Es war der 23. März 1985 als meine beiden Brüder Perimpadasan und Sri Sangar am Busbahnhof Jaffna von der Armee verhaftet wurden. Sie blieben seither verschwunden. An diesem Tag brachte die Armee fünfunddreißig Tamilen um. Ich nehme an, dass meine beiden Brüder unter diesen Getöteten waren, es gibt eigentlich keine andere plausible Erklärung für ihr plötzliches Verschwinden.

Dann wurde am 23. April 1985, genau einen Monat später, mein Bruder Bala erschossen. Ich war an diesem Tag allein zuhause, die anderen waren nach Mannar, zu meinem Vater gefahren. Am Morgen ging ich zum Markt von Nallur. Mir fiel auf, dass die Leute hastig ihre Einkäufe einpackten und sich rasch wieder davon machten. Ich schloss daraus, dass es in der Umgebung zu Unruhen gekommen war, bezahlte schnell mein Gemüse und die Krabben und wollte schon wieder auf mein Motorrad steigen, als mehrere meiner Schüler auf mich zu rannten und riefen: „Ihr Bruder Bala wurde beim Kampf von der Armee erschossen." Ich war komplett vor den Kopf gestoßen. Wie betäubt ging ich nach Hause, setzte mich auf einen Hocker und mir wollte nicht einfallen, was ich jetzt tun sollte.

Ich nahm an, dass Bala im Spital aufgebahrt sei, da alle Leichen dorthin eingeliefert werden. Mir war auch bekannt, dass, falls ich ihn dort identifizierte, ich unterschreiben musste, dass er ein Terrorist gewesen sei. Deshalb ging ich nicht hin und starrte dumpf vor mich hin. Außer Isa und den Kindern hatte ich in Nallur keine Familie, die ich informieren sollte. Ich hatte keine Gefühle; ich fühlte mich nur leer. Schließlich kochte ich die Krabben, um mich zu beschäftigen. Ein Nachbar kam und wollte mit mir trauern. Alle wussten anscheinend schon Bescheid in Nallur und mein Haus füllte sich mit Bekannten und Freunden. Ich bereitete keine Trauerfeier vor, da ich keinen Leichnam hatte, ich blieb einfach zuhause. Am nächsten Tag kamen Isa und die Kinder aus Mannar zurück. Unser Haus wurde zu einem Trauerhaus, viele Bekannte sassen und trauerten mit uns. Ich dachte, die Armee nimmt uns auch noch die Toten.

Aber in Wirklichkeit ist Balas Leiche nie ins Spital eingeliefert worden. Sie wurde von seinen Freunden der TELO, gemäß unserer Tradition verbrannt. Allerdings unterließ es die TELO, unsere Familie zu informieren, was mir sehr kaltherzig erschien. Balas Tod und das Verschwinden zwei meiner Brüder war ein Schock und der Auslöser, ein zweites Mal aus Sri Lanka zu fliehen.

Einerseits hatte ich mir geschworen, nie mehr nach Europa zurückzukehren, andererseits zweifelte ich immer öfter, dass wir in Jaffna lange überleben würden. Jetzt ging es einfach nicht mehr anders. Diesmal wollte ich vor allem Isa und die Kinder in Sicherheit bringen. Isas Mutter blieb in Jaffna zurück. Sie sagte, sie wolle unter allen Umständen bleiben, sie war auch relativ sicherer als wir jungen Leute. Es tat uns weh, sie zurückzulassen, aber noch schlimmer war es für mich, meine eigene Mutter und meine Schwestern und Brüder zu verlassen. Wir wussten nicht, ob wir uns je wiedersehen würden.

Ich hatte etwas Geld gespart, aber es reichte nicht für die Reise, und so verkaufte ich meinen Fernseher, die Videokamera und den Computer. Es brauchte sonst keine speziellen Vorbereitungen, ich wusste ja schon wie eine Reise nach Europa organisiert wird. Freunde spendeten uns kleine Geldbeträge für die Flucht. Das war rührend, sie selber hatten nicht die Möglichkeit zu fliehen. Eigentlich war ich total am Boden, erst vor einem Jahr war ich voller Hoffnung nach Sri Lanka zurückgekehrt. Jetzt ging es einen Riesenschritt rückwärts.

Kurz nach dem Tod meines Bruders Bala unternahmen also Isa, Sujeetha, Pratheeb und ich die Tagesreise mit dem Überlandbus nach Colombo, um Sri Lanka zu verlassen. Wir passierten mehrere Militärkontrollen. Bei jeder Kontrollstelle hielt ich meine Tochter auf dem Arm, und Isa unseren Sohn, damit die Soldaten sanfter mit uns umgingen, es war unsere übliche Taktik. In Colombo angekommen, buchten wir für den gleichen Tag einen Flug nach Berlin. Es war kein Problem ein Flugticket zu kaufen, wir brauchten auch kein Visum, denn wir flogen über Moskau nach Ost-Berlin. Reiseziel war auch diesmal wieder mein Freund Vive in Stuttgart, mein Anker in Europa. Auf demselben Flug reisten viele Tamilen, mehrheitlich Männer und einzelne Familien, die sich wie wir für die Flucht entschieden hatten. Sie flogen völlig unvorbereitet einer neuen Welt entgegen, wie ich vor einem Jahr. Aber im Gegensatz zu mir verstanden viele meiner Mitreisenden nicht einmal Englisch. Zwei junge Männer schlossen sich uns deshalb an, denn sie hofften, ich könne ihnen in Deutschland helfen. »

6) Abgeschoben

Als die Familie Moorthy am 30. April 1985 am Flugplatz in Ost-Berlin landete, wusste sie nicht, dass Ost-Berlin kommunistisch und vom Westen getrennt ist. Sie standen zuerst etwas verloren in der Ankunftshalle herum, zusammen mit ihren zwei neuen Bekannten. Moorthy wechselte Geld, um seinen Freund Vive in Stuttgart anzurufen. Seine Geldmünzen waren aufgebraucht, bevor er begriff, dass man aus der Telefonkabine nicht in den Westen telefonieren konnte. Einer seiner beiden neuen Freunde schlug vor, sie sollten versuchen sich nach West-Berlin durchzuschlagen und dann weitersehen. So fuhr das Grüppchen mit dem Tram ohne Fahrschein bis zur Grenze, gelangte ohne Probleme durch die Passkontrolle an einem Checkpoint nach Westberlin, gelangte zum Bahnhof, und wusste dort ganz einfach nicht mehr weiter.

Sie fröstelten, hatten keine passenden Kleider für das kühle Klima und nur Handtücher dabei, mit denen sie die beiden Kinder einwickeln konnten. Moorthy hoffte, dass die Polizei sie aus irgendeinem Grund festnähme, damit sie wenigstens an einem Ort in der Wärme schlafen könnten. Bevor ihnen etwas Hilfreiches einfiel, fuhr ihnen gegenüber ein Zug auf dem Bahnsteig ein. Moorthys Begleiter stiegen ein, und als sich die Türe schon schließen wollte, sprangen sie hektisch wieder hinaus. Bei der ganzen Aufregung vergaß einer seine Tasche im Zug. Sie meldeten am Bahnhof, die Tasche sei weg, an eine unbekannte Destination unterwegs. Die Tasche wurde ihnen wenig später wieder gebracht. Gleichzeitig mit dieser kam ein Polizeiauto. Moorthy und Isa waren erleichtert. Irgendjemand würde ihnen nun sicher helfen, und jedenfalls Unterkunft und Essen garantieren, sei es auch nur auf dem Polizeiposten. Dort wurden sie zuerst alle fotografiert und ihre Dokumente kontrolliert. Sie waren zum

Umfallen müde.

Noch am gleichen Abend brachte sie ein Bus zum Flüchtlingslager des Roten Kreuzes in Berlin, wo Moorthy und seine Mitreisenden erstaunt waren, als ein Tamile sie begrüßte: „Vanakkam, willkommen, gut, dass ihr hier seid." Das Lager beherbergte schon zahlreiche Flüchtlinge aus Sri Lanka.

Lagerbewohner halfen ihnen mit Matratzen und Decken aus, in einem Schlafsaal verbrachten sie den Rest der Nacht. Am Morgen erhielt die Familie Moorthy ihr eigenes Zimmer. Für das Frühstück drängten sich alle vor der Küche, um ihr Frühstück abzuholen. Dies bestand, gleich wie das Abendessen aus Brot, Butter, Konfitüre, Schokolade und Fruchtjogurt. Die Moorthys wussten nicht wie man das isst und konnten es auch nicht essen. Sie ernährten sich kaum in den nächsten Tagen, fühlten sich schwach und froren in diesen kalten Frühlingstagen. Auch abgesehen vom Essen waren die Lagerverhältnisse für sie schwierig. Das Lager war nicht für so viele Flüchtlinge vorgesehen. Eine einzige Telefonkabine diente den rund zweitausend Asylsuchenden. Es mangelte auch an sanitären Einrichtungen. Als eine Windpocken Epidemie ausbrach, erkrankte Moorthy und lag ein paar Tage auf der Krankenstation. Moorthy schlug die Zeit tot, indem er seine vier bettlägerigen Leidensgenossen in Englisch unterrichtete. Es überraschte ihn, dass die Flüchtlinge verschiedenster Nationalitäten einander gegenseitig halfen. Ein Mann starb im Lager, die Leute sammelten Geld und schickten es seiner Familie. Viele gaben nur ein paar Mark, was aber ihr ganzes Tagesgeld ausmachte. Einmal als Isa telefonieren wollte, wand sich vor der Telefonkabine eine junge schwangere Frau auf dem Boden. Die tamilischen Frauen meldeten es umgehend im Büro und standen ihr bei als sie innert einer Stunde ihr Kind gebar, kurz bevor der Krankenwagen endlich eintraf.

Die Moorthy Familie erhielt drei Mahlzeiten am Tag, etwas Taschengeld und durfte das Lager tagsüber verlassen. Viele Flüchtlinge machten von dieser Freiheit keinen Gebrauch, da schon eine Buskarte in die Stadt fast unerschwinglich war, und sie dann nichts anderes unternehmen konnten, als ziellos am Stadtrand Berlins herumzuschlendern, und dabei von den Einheimischen misstrauisch beäugt zu werden. Alle erwarteten jeweils mit Spannung den Namensaufruf für die Asylbefragungen, die an zwei Tagen wöchentlich anberaumt wurden. Moorthy schwitzte, wippte nervös mit einem Bein, und schoss jedes Mal von seinem Stuhl auf, wenn ein aufgerufener Name auch nur mit U anfing. Endlich wurde seine lang erwartete Befragung angekündigt, die sich aber zu Moorthys Enttäuschung auf die Aufnahme der Personalien beschränkte. Er hatte geglaubt, seine Gründe für seine erneute Flucht ausführlich darlegen zu können und damit Verständnis zu finden.

Doch Moorthy und Isa, die beide nicht so leicht aufgaben, ließen sich nicht aus dem Büro vertreiben, jetzt wo sie einem Beamten gegenüber sassen. Sie beharrten darauf, ihr Asylgesuch gleich zu stellen. Dies war am 29. April 1985. Dazu kam es aber trotzdem nicht, denn der verärgerte Beamte holte eine alte Akte hervor aus der hervorging, dass sich Moorthy schon einmal als Asylsuchender in der Schweiz aufgehalten hatte. Der Beamte teilte Moorthy forsch mit, dass wegen seines Asylgesuchs und seine hängige Beschwerde gegen den negativen Entscheid in der Schweiz, das Gesuch der Familie in Deutschland gar nicht erst aufgenommen werde. Die Familie Moorthy wurde aufgefordert Deutschland bis zum 15. Juli zu verlassen. Moorthy war froh, denn er glaubte, dass die Schweiz als sogenanntes Erstgesuchs-Land, so der Begriff des Beamten, ihn aufnehmen müsse. Es war für ihn ausgeschlossen nach Sri Lanka zurückzukehren, dafür hatte er keine Kraft mehr. Außerdem hatte er für diese Reise sein letztes Geld ausgegeben.

Moorthy und seine Familie wurden, zusammen mit anderen Asylsuchenden, per Bus in ein Flüchtlingslager nach Nürnberg gebracht, dann nach zwei Wochen nach Zirndorf. Die Moorthys hausten die nächsten Tage im Zirndorfer Schulhaus. Es war eine ländliche Gegend, die mit ihren blühenden Gärten zu Spaziergängen einlud. Abends erkundeten Moorthy, Isa und die Kinder die Gegend. Es waren seltene Momente der Entspannung, wenn sie die Felder entlang schlenderten und manchmal fanden sie dabei Nützliches, zum Beispiel Kochutensilien, die ihnen ermöglichten im Lager selber etwas zu kochen. Wenige Tage später brachte man sie in einem Wohnhaus unter, in dem mehrere Flüchtlingsfamilien Wohnungen zugeteilt bekamen. Diese bestanden aus einem Zimmer, Bad und Küche.

Das Essen blieb eines der Hauptprobleme. Moorthys erhielten Nahrungsmittel, von denen sie nicht wussten, was sie damit anfangen sollten. In einer Zimmerecke stapelten sich Pakete und Büchsen mit Nudeln, Spaghetti, Bohnen und anderem, bei ihren tamilischen Nachbarn sah es ähnlich aus. Sie aßen wenig und warfen vieles weg. Nur beim Mittagessen aßen sie mehr als von den anderen Mahlzeiten, denn da gab es manchmal Reis.

Trotz diesem, dem komfortabelsten, Provisorium seit seiner Ankunft in Deutschland, war Moorthy elend zumute, denn das Datum der Ausweisung rückte unerbittlich näher. Die Familie musste schleunigst aus Deutschland verschwinden. Moorthy rief seinen Freund Vive in Stuttgart an, damit er ihnen helfe in die Schweiz zu flüchten. In gedrückter Stimmung verabschiedete sich die Familie Moorthy von ihren neuen Nachbarn und logierte ein paar Tage bei Vive, bis die Flucht über die grüne Grenze in die Schweiz oder in der Beamtensprache: ‚die illegale Einreise', organisiert war.

7) Im Grenzbereich

« Beim Baden-Würtenberger Bahnhof erwartete uns ein Lieferwagen, dessen Hintersitze ausgebaut waren. Ein sogenannter Schlepper begrüßte uns forsch und kassierte meine tausend deutsche Mark. Wir stiegen in den mit Stoff ausgekleideten Bus, in dem schon rund zwanzig Männer und Frauen aneinander gepfercht auf dem Boden sassen. Ich war es von Sri Lanka gewohnt auf dem Boden zu sitzen, wir taten dies, um zu essen, Tee zu trinken und zu schwatzen, aber das hier war etwas anderes. Wir wurden wie Vieh in dieses Auto spediert, es war schmutzig und wir konnten uns kaum bewegen. Ich fragte mich, wie es mit mir so weit kommen konnte.

Wir verharrten so den ganzen Nachmittag, etwa vier lange Stunden, ohne Halt bis Zürich. Einige von uns erbrachen sich in dem stickigen Bus, andere versuchten in Coca-Cola Dosen zu urinieren, der Gestank wurde unerträglich. Frühabends hielt der Lieferwagen neben dem Zürcher Hauptbahnhof endlich an und wir stürzten förmlich an die frische Luft. Fast im Lauschritt steuerte ich mit meiner Familie auf das nächste Restaurant zu, wir bestellten Kaffee und säuberten uns ausgiebig auf der Toilette. Den Kaffee tranken wir nicht, denn er war viel zu stark für uns. Dann eilten wir zurück zum Bahnhof, wo wir mit einem tamilischen Bekannten aus meiner Zeit in Bern verabredet waren. Er hatte versprochen uns für die ersten Tage aufzunehmen, bis wir eine andere Lösung finden würden. Als er uns nach der Begrüßung ankündigte, dass er jetzt nicht mehr in Bern wohne, sondern in Basel, wurde eben Basel unser Reiseziel. Für uns war es das gleiche. Dies hieß allerdings nochmals eine Stunde Zug fahren. Erschöpft trafen wir am Samstagabend in Basel ein und verbrachten unsere erste Nacht bei ihm, im Angestelltenzimmer des Restaurants Mövenpick am Marktplatz. Am Montag beantragten wir Asyl bei der Fremdenpolizei Basel-Stadt, die nur ein paar Schritte vom Mövenpick entfernt war. Dies war am 15. Juli 1985.

Endlich wurde ich zu meinen Asylgründen befragt und erzählte freimütig alles, was mir dazu einfiel. Ich schilderte, dass ich schon einmal in Bern gewesen, dann nach Sri Lanka zurückgekehrt sei, aber da dort gleichzeitig mit meiner Heimkehr der Bürgerkrieg ausbrach, ich nicht bleiben konnte und nun wieder auf mein Gesuch von einem Jahr zurückkommen wolle. Ich war überzeugt, dass die Basler Beamten Verständnis für meine Situation hätten. Wir wurden in der gleichen Woche zu einer zweiten Befragung vorgeladen, was ich als gutes Zeichen wertete. Nur zehn Tage später wurde unser Asylgesuch abgelehnt.

Ich war perplex und der zuständige Beamte, den wir sofort aufsuchten, sagte nur: „Ihr erster Asylantrag in Bern wurde abgelehnt. Bei ihrer zweiten Flucht reisten sie nach Deutschland und erhielten dort sogar ein Visum. Sie hätten dort einen Asylantrag stellen sollen. Aus diesen Gründen können sie nicht in der Schweiz bleiben. Wir bringen sie zurück nach Deutschland." Das war das Ende. Um uns unmissverständlich klar zu machen, dass jede Hoffnung aussichtslos war, kündigte uns der Beamte mit unbewegter Miene gleichzeitig eine zukünftige Einreisesperre für die Schweiz an und gewährte uns gerade genug Zeit, unser weniges Gepäck aus dem Zimmer beim Mövenpick zu schleppen, während sie vor dem Gebäude warteten. Ich fühlte mich erbärmlich, als ich mit meiner Familie in das Polizeiauto stieg, um weggeschafft zu werden, als ob wir etwas verbrochen hätten. Ich wünschte, ich wäre alleine, als Isa und die Kinder so zu sehen.

Über Riehen wurden wir nach Lörrach gebracht. Von dieser

Fahrt blieb mir nur in Erinnerung wie wir beim Riehener Friedhof an einem Geschäft mit Grabsteinen vorbeifuhren. Auf Amtsdeutsch nannte sich unsere Niederlage „gestützt auf Art. 19 des Asylgesetzes wurde Familie Uruthira Moorthy am 26. Juli 1985 den deutschen Behörden übergeben", was dann auch geschah. Der deutsche Zollbeamte schaute mich schief an und zischte: „Wollen sie zurück nach Sri Lanka?" Auf diese Frage war ich nicht gefasst. Wir verneinten hastig und bekundeten, wir wüssten überhaupt nicht, was wir jetzt machen sollen. Schließlich fiel mir ein vorzuschlagen, dass wir unseren Freund Vive in Stuttgart besuchen, worauf uns die Beamten ein drei Tage Visum ausstellten und uns sogar den Weg zum Bahnhof zeigten, wo wir uns Fahrkarten nach Stuttgart kauften. Die Deutschen wollten uns so möglichst schnell los werden, genauso wie die Schweizer auch.

Der Zug nach Stuttgart fuhr von Lörrach zuerst über den Badischen Bahnhof, dem deutschen Bahnhof in Basel. Als wir dort auf dem Bahnsteig standen, um in den Zug nach Stuttgart umzusteigen, bemerkte ich einen Zug, der gerade in Richtung Schweizer Bahnhof in Basel abfahren wollte. Ohne groß zu überlegen, rief ich Isa zu: „Wir nehmen diesen Zug nach Basel." Und wir hatten für einmal Glück, auf dieser kurzen Strecke gab es diesmal weder Fahrkarten- noch Passkontrolle. Nach unserer Schlaufe über Lörrach fanden wir uns also auf dem Marktplatz von Basel wieder und klingelten bei unserem erstaunten Bekannten beim Mövenpick. Wir waren Sri Lanka vorerst entwischt.

Nach drei Tagen hatten Isa und ich genügend Mut zusammen, um bei der Fremdenpolizei in Liestal, im Kanton Basel-Landschaft, ein neues Asylgesuch einzureichen. Für mich war es die vierte Bitte um Asyl. In Basel-Stadt konnten wir kein Asylgesuch mehr stellen. Da wir annahmen, dass die Polizei der beiden Halbkantone von Basel zusammenarbeitete, änderten wir aus Vorsicht unsere

Rufnamen. Als wir unsere Personalien angaben, wurde Uruthira Moorthy zu Moorthy.

Die Polizei wies uns ein Zimmer im Hotel Salmen in Pratteln zu. Ich sehe noch schwach das 1. August Feuerwerk vor mir, des Schweizer Nationaltags, das ich von meinem Hotelzimmer aus beobachtete und mich dabei fragte, ob ich mich je wieder ab etwas freuen würde.

Als ich zum ersten Mal das Sozialamt von Basel-Landschaft aufsuchte, um unser Unterstützungsgeld abzuholen, sprach mich ein Beamter auf Englisch an. Er machte mir klar, ich müsse mich zuerst bei der Fremdenpolizei melden, falls ich hier etwas wolle. Bei der Fremdenpolizei empfing mich unser Befrager, ein junger Mann, dem die Situation offensichtlich peinlich war. Er reichte mir die Hand und wartete darauf, dass ich mich mit Uruthira Moorthy vorstelle. Ich grüßte aber nur. Er sagte: „Wir wissen, dass ihr Name nicht Moorthy ist." Ich räusperte mich und gab sofort zu, dass ich in Basel-Stadt den vollen Namen angegeben hatte und nach Deutschland ausgewiesen wurde. Ich bestätigte auch, dass ich lügen musste, um wieder in die Schweiz zu kommen, und dass ich auf dem Badischen Bahnhof statt wie vorgesehen nach Stuttgart, nach Basel gefahren sei. Ein weiterer Polizist trat ein und informierte mich, dass die Kriminalpolizei nach uns suche. Er fragte nach unseren Pässen.

Die Polizei hatte schon Isa und die Kinder aus dem Hotel geholt, sie warteten in einem anderen Büro. Die Beamten fragten auch Isa immer wieder nach den Pässen.

Diesmal ließ ich mich nicht einschüchtern und wiederholte auch für diesen Befrager unsere Asylgründe: „Ich will Asyl irgendwo, um ohne Angst zu leben." „Was hatten Sie für Probleme?" „Die Soldaten nahmen zwei meiner Brüder fest. Bis heute wissen wir nicht, ob sie noch am Leben sind. Dann erschossen sie einen dritten Bruder. Wenige Tage später floh ich mit meiner Familie aus Sri Lanka. Es gab nur zwei Möglichkeiten zu fliehen; eine davon ist in einem kleinen Boot über das Meer nach Indien, das ist sehr riskant. Ich wählte den zweiten Weg, mit dem Flugzeug ohne Visum nach Ostberlin." Der Befrager sagte: „Sie reden von den Problemen Ihrer Brüder, nicht von Ihren eigenen. Was sagen Sie dazu?" „Wenn ich dortgeblieben wäre, dann hätte ich mein Leben riskiert und könnte vielleicht nicht bei Ihnen am Tisch sitzen." Er sagte: „Das weiss ich schon. Aber ich kann es so nicht schreiben." Ich fügte an, wir hätten unsere Pässe an Freunde geschickt, wir würden sie zurückkommen lassen. Darauf erhielten wir Ausweise mit unseren vollen Namen.

Moorthy wurde dann bald zu meinem ‚Gebrauchsnamen' in der Schweiz, da sich die meisten Leute Uruthira Moorthy weder merken, noch den Namen aussprechen konnten. Moorthy wurde in der Schweiz zu meinem Vornamen und zu meinem Familiennamen.

Der Beamte forderte uns auf, in einer Woche zurückzukommen, er müsse bei den Behörden in Bern nachfragen, wie es weitergehen solle. Wir waren in Pratteln angekommen, wenigstens vorläufig. Wir waren die erste tamilische Familie in Pratteln und fühlten uns komplett isoliert. »

8) Neuland

« Außer uns gab es vereinzelt ein paar tamilische Männer in Basel, die alleine aus Sri Lanka geflüchtet waren. Zu dieser Zeit dachte noch kein tamilischer Flüchtling, dass er das europäische Exil mehr als ein paar Monate erdulden müsse. Alle diese jungen Migranten waren bei den geringsten Anzeichen der Entspannung des Konflikts jedes Mal überzeugt, dass sie schon bald ihre Siebensachen packen und nach Sri Lanka zurückkehren könnten. Ich selber reiste ja auch erst bei meiner zweiten Flucht mit Isa und den Kindern, denn dieses Mal hatte ich die Hoffnung auf baldigen Frieden aufgegeben.

Wir suchten Halt im Kontakt zu den anderen Tamilen, auch wenn uns außer unserer Muttersprache nicht viel verband. Diese unverheirateten jungen Männer kümmerten sich zum ersten Mal allein um einen Haushalt, ohne ihre Verwandten, und dies in einem Kontext, der sie vor allem überforderte. Isa kochte oft für sie und wir schickten unsere kleine Tochter allein mit Reis und Soßen in ihre Wohnung. Wir konnten uns gegenseitig nicht wirklich helfen, aber zumindest beruhigte sie unsere Präsenz. Ein tamilischer Bekannter überredete mich eine Frau Ruth Schmid anzurufen, eine Schweizerin, die bereit sei Flüchtlingen zu helfen sich in Basel zurechtzufinden, sie gäbe auch Deutschunterricht. Dies war meine erste wirkliche Begegnung mit einer Schweizer Person, ohne zu fürchten zurückgewiesen oder als unglaubwürdig angesehen zu werden. Sie war eine ältere, freundliche und aktive Dame, die viel und gerne sprach. Wir konnten mit ihr über fast alles reden und sie erklärte sich sofort bereit, uns bei der Wohnungssuche zu helfen.

Frau Schmid und ihre Bekannten hatten an der Güterstraße in Basel Büroräume gemietet und halfen tamilischen

Flüchtlingen. Die Gruppe nannte sich ‚Freiplatzaktion'. Ich war überrascht, dass es so etwas gab und eigentlich war es am Anfang wie ein Rettungsring für uns, denn wir kannten nichts in Basel und waren es schon müde, von Unbekannten Informationen zu erbetteln, wie man eine Wohnung und Arbeit sucht, Essen kauft und alles andere auch noch zustande bringt.

Die Freiplatzaktion hatte es sich zur Aufgabe gemacht Unterbringungsmöglichkeiten für Flüchtling zu finden, zuerst während des zweiten Weltkriegs, dann für chilenische Flüchtlinge und jetzt für tamilische Asylsuchende. In den bescheiden ausgestatteten Räumen der Freiplatzaktion nahmen Isa und ich, zusammen mit anderen Tamilen, bald regelmäßig am Deutschunterricht teil, schleppten geschenkte Kleider nach Hause und Papiertüten voller Brot und Äpfel. Frau Schmid zeigte mir wie man einen Apfel schält. Ich wollte das alles lernen, es war mir aber auch ein bisschen unangenehm, dass wir wie hilflose Bittsteller vor unseren Helfern dastanden.

Als Frau Schmid uns aufgeregt verkündete, dass sie in Pratteln an der Längistraße für uns eine geräumige Wohnung ausgehandelt habe, verließen wir endlich das Hotel. Ihre Freunde der Freiplatzaktion hinterlegten eine Kaution und deckten uns mit Möbeln, Vorhängen und Kleidern ein. Max Stückelberger der Freiplatzaktion setzte sogar eine Zeitungsanzeige für Einrichtungsgegenstände auf, und Isa und ich durchstöberten mit ihm in Privatwohnungen abzugebende Möbel. Wir nahmen alles mit, was wir transportieren konnten, abgewetzt oder fleckig, manchmal auch in gutem Zustand. So würfelten wir unsere Einrichtung zusammen, in der wir uns absolut fremd fühlten. Aber froh waren wir natürlich schon. Einiges aus dieser Zeit habe ich heute noch, unter anderem einen antiken Schrank von Frau Schmids Mutter. Wir brauchen dieses Möbel nicht, wissen, dass es wertvoll ist, konnten ihm aber keinen Platz geben. Ich versuchte den Schrank lange loszuwerden.

Ich weiss nicht, wie viele Male ich in dieser Zeit Danke sagte, Danke, Danke, Danke, bis ich es selber nicht mehr hören konnte. Die Leute taten unglaublich viel für uns und wir waren ja nicht die Einzigen, welche die Freiplatzaktion unterstützte. Ich fühlte mich wie ein Torkelnder in dieser ersten Zeit, die angefüllt war mit Missverständnissen. Wir verstanden die Schweizer oft nicht und dies lag nicht nur am fremdartigen Schweizerdeutsch.

Häufig war ich unschlüssig, welches die richtige Entscheidung war, so wollten Isa und ich die Kinder nicht in den Deutschkurs der Freiplatzaktion mitnehmen, damit Frau Schmid nicht gestört würde. Wir wagten nicht, sie zu fragen, ob wir die Kinder mitbringen könnten, obwohl wir keine Ahnung hatten, wo sie während dieser Zeit bleiben sollten. Wir kamen aus Höflichkeit gar nicht erst auf die Idee zu fragen. Darum spazierten wir vor jedem Kurstermin zum Schützenmattpark und ich schärfte dort meiner neunjährigen Sujeetha ein, ja gut auf den vierjährigen Bruder Pratheeb aufzupassen. Ohne zurückzublicken eilten Isa und ich davon, uns war unbehaglich dabei, deshalb schwiegen wir uns jeweils an bis wir im Lokal der ‚Freiplatzaktion' ankamen. Sujeetha war für ihr Alter vernünftig, Pratheeb aber schwer zu bändigen. Als wir aus einer dieser Deutschstunden in den Park zurückkehrten, sprach uns eine besorgte Baslerin an: „Auch in der Schweiz werden Kinder entführt. Sie dürfen sie nicht alleine lassen." Sie forderte forsch unsere Adresse und schickte uns später aber eine freundliche Karte. Der Zwischenfall änderte allerdings nichts an unserer Gewohnheit.

Die Blumenverkäuferin Elisabeth, die auf dem Marktplatz jeder kannte und uns zurief: „Ich bin die Königin des Marktplatzes", schenkte unseren Kindern jedes Mal, wenn sie uns sah, eine kleine Blume. Eine Spaziergängerin im Schützenmattpark, welche die blumengeschmückten Kinder warten sah, mahnte uns: „Sie dürfen ihre Kinder nicht im Park Blumen pflücken lassen." Wir versuchten das Missverständnis aufzuklären, aber wir hatten keine Chance mit unseren wenigen Deutschkenntnissen und gegenüber dem Misstrauen dieser Frau, die mit unzufriedenem Gesicht wegging.

Auch nachdem unsere Kinder eingeschult waren, ging es weiter mit der gegenseitigen Sprachlosigkeit. Isa und ich nahmen pflichteifrig an Elternabenden von Pratheebs Kindergarten teil. Wir verstanden fast nichts von dem was uns erläutert und gezeigt wurde, fragten aber nie nach. Es war eine Zeit, in der ich völlig ohnmächtig war. Wir passten damals sogar den Namen unseres Sohnes Pratheeb an, den wir aus dem Tamilischen übersetzt Deeb schrieben. Als man mich in einem Laden fragte, wie denn mein kleiner Sohn neben mir heiße, und da Deeb sich wie Dieb anhört, und ich seinen Namen ausgerechnet in einem Laden aussprechen musste, änderten wir den Namen in ‚Theeb', so dass auch niemand lachen würde, der den Namen geschrieben sah.

Auch die Schweizer verstanden uns nicht immer. Frau Schmid war entschlossen, Tamilen zu helfen sich weiterzubilden. Doch nur zwei der wenigen Tamilen, die damals in Basel lebten, zeigten Interesse für ihr Angebot. Einer war ein älterer Arbeiter, der andere ein junger Tamile. Frau Schmid hatte sich in den Kopf gesetzt, diesem eine Reise nach Indien zu finanzieren, um ihm eine solide Ausbildung zu ermöglichen. Sie hatte richtig erkannt, dass seine Sprachkenntnisse für eine Ausbildung in Basel nicht genügten. Er wollte aber gar nicht nach Indien. Sie investierte viel Zeit in die Organisation seines Indienaufenthalts, doch es war alles umsonst. Wieder war es die tamilische Höflichkeit, die es ihm verbot dieser gutmeinenden Frau zu gestehen, was er wirklich wollte. Er blieb einfach in Basel, heiratete und hat jetzt zwei Kinder. Er entschloss sich auch in der Schweiz nie für eine Ausbildung.

Wir waren alle irgendwie unter dem Hut von Frau Schmid. Von Anfang an kümmerte sie sich um uns; sie war wie eine Großmutter. Wenn wir ihre Hilfe brauchten, musste einer von uns zur Telefonzelle springen, da wir kein Telefon hatten. Das war eigentlich wie eine ‚Einbahnstraße‘; wenn sie uns kontaktieren wollte, musste sie das Tram vom Bruderholz nach Pratteln nehmen. Dann ließ sie bei uns einen Telefonanschluss einrichten, damit sie uns besser erreichen konnte. Ich war darüber sehr glücklich, ich hatte auch in Sri Lanka nie ein eigenes Telefon besessen. Frau Schmid ertrug es schlecht, dass wir alleine in der Längistraße herumsaßen, führte uns mit ihrem Auto überall hin und lud uns oft zum Essen ein. Damals versorgte sie ihre kranke Mutter zuhause, die restliche Zeit umsorgte sie uns, ihre tamilischen Asylbewerber. Für uns war sie eine Heldin. Frau Schmid war auch die erste Person, die von der dritten Schwangerschaft von Isa wissen durfte. Isa ängstigte sich, denn es war ihre erste Schwangerschaft in der Schweiz. Da wir mittlerweile entschieden hatten, die Kinder nicht mehr im Park warten zu lassen, wenn wir etwas vorhatten, präsentierten wir uns jedes Mal zu viert für die Schwangerschaftsuntersuchungen im Liestaler Spital. Der Winter 1985 war überdurchschnittlich kalt. Wir fürchteten diese uns unbekannte Kälte und trugen immer mehrere Pullover und Jacken unter unseren Winterjacken. Isa, die einer Kleiderkugel glich, musste jeweils ihre fünf Pullover für die Schwangerschaftsuntersuchung vor dem Arzt ausziehen, der sich jedes Mal grinsend abwandte. Irgendwann war dann der Winter vorbei und unser Sohn Shan wurde geboren, das war 1986. Während dieser Zeit lernten wir durch die Freiplatzaktion viele Basler kennen, auch die Gemeindemitglieder der Riehener Kirche. Längere Zeit waren eine Familie Meili und ein Kinderheim in Riehen unsere festen Zufluchtsorte, sie luden uns immer wieder ein für Weihnachten, den 1. August und ihre anderen Feste. Diese Besuche taten vor allem Isa gut mit ihrem Baby, sie konnte sich einheimischen Frauen annähern, auch wenn sie nur wenige Worte mit ihnen sprechen konnte. Mir war alles recht, ich bin gerne unter Leuten.

Einmal lud Frau Schmid unsere Familie nach Graubünden in ihr Ferienhaus ein, ich glaube es war 1987. Den Namen der Ortschaft habe ich vergessen. Wir erlebten unsere erste lange Autofahrt in der Schweiz. Während der Fahrt hatte ihr Auto Probleme, sie hielt auf dem Pannenstreifen der Autobahn, öffnete die Motorhaube und machte irgendetwas. Wir durften nicht aussteigen. Sie bat Isa um eine Sicherheitsnadel, was Isa nicht dabeihatte. Dann kam Frau Schmid zurück, startete das Auto und wir setzten unseren Ausflug fort. In unseren Augen war sie eine alte Frau, aber sie sagte: „Meine Mutter ist alt und ich bin jung." Es war ein neues Erlebnis für mich, dass ältere Frauen fleißig und mutig sind. In Sri Lanka bleiben ältere Frauen zuhause, kümmern sich um Enkel und Haushalt oder lassen sich einfach bedienen. Später hielt sie auf einem Parkplatz an und drückte uns Brot und Schokolade in die Hand. Wir waren begeistert vom normalsten Zvieri der Schweiz. Vor einer Gondelbahnstation, das kannte ich überhaupt nicht, parkte sie ihr Auto. In der Gondelbahn fuhren auch Schweizer Soldaten mit. Pratheeb zuckte zusammen, als er sie sah. Es war Frau Schmid, die Pratheeb tröstete, ich hatte mit meinem Schwindel zu kämpfen. Oben auf diesem mir unbekannten Berg bewunderten wir kurz die überwältigende Aussicht und Frau Schmid kündigte an: „Wir müssen noch weiter, aber zu Fuß." Sie stieg flink immer weiter über die Wiese hoch, während wir mühsam hinter dieser älteren Dame her trotteten. Sie führte uns zu einer bescheidenen, zweistöckigen Berghütte. Einfach alles hier war mir unbekannt. Wir sahen wie Milch von oben aus dem Berg durch ein Metallrohr floss, bis unten zu einem Bauernhaus. ‚Wie schwer die Arbeit dieser Bauern ist‘, ich weiss noch, dass ich das dachte.

An diesem Tag konnte ich den Wert von Ferien noch nicht schätzen. Ich muss sagen, dass ich seither keine ähnlichen Ferien mehr in der Schweiz erlebte, das war das erste und letzte Mal auf diesem Niveau. Unsere Familie übernachtete im oberen Stock über Frau Schmids Zimmer. Am nächsten Morgen beklagte sie sich, sie habe kein Auge zu getan, weil wir getrampelt hätten wie Elefanten. Die Holzböden ächzten bei jedem Schritt, wir kannten das nicht und hatten uns verhalten wie es für uns normal war. Die Tage in den Bergen taten uns gut und ich habe die Tickets der Gondelbahn noch heute. Ich sammelte alle Jahre in der Schweiz viele solcher Erinnerungsstücke.

Frau Schmid tat alles für uns, doch sie sagte mir immer: „Sie sind jetzt in der Schweiz, da müssen ihre Kinder als Schweizer aufwachsen." Dies wollte ich nicht. So hatte ich mit dieser ganz herzlichen Frau etwas Probleme. Irgendwann besuchte sie uns deshalb nicht mehr.

Ich wollte lieber selber helfen, als Schützling sein. Mein erster Versuch bei einem Ausflug am Rhein war ein Fiasko. Ein Freizeitfischer verlor seinen Angelhaken, er packte zusammen um nachhause zu gehen. Ich ergriff meine Chance und bot auf Englisch an, ihm Geld zu geben, um einen neuen Angelhaken zu kaufen. Der Fischer musterte mich verständnislos und murmelte etwas, was ich meinerseits nicht verstand. Er zögerte, lachte dann aber plötzlich, legte einen großen Fisch in meine Arme und entfernte sich mit den anderen verdutzten Fischern. Ich war gekränkt, dies war überhaupt nicht meine Absicht gewesen. Und wir hatten keine Ahnung, was wir mit diesem Fisch anstellen sollten. Ich schickte die kleine Sujeetha mit dem Fisch zu unserem

Bekannten, der im Restaurant Mövenpick arbeitete. Dieser wusste, wie man den Schweizer Fisch kocht.

In solchen Situationen sagte ich mir, du bist eben ein Anfänger, das ist alles. Selbst eine Briefmarke an einem Automaten heraus zu lassen, war eine peinliche Herausforderung für mich, das wussten die Schweizer nicht, aber sie halfen oft. Ein Mann steckte wortlos seine Münzen in den Automaten, gab mir die Marken und verschwand. Ich war fest entschlossen, möglichst schnell von diesen gutgemeinten Gesten unabhängig zu werden.

Manchmal gab es aber zum Glück auch komische Situationen, ich lache gerne, und ich fand selten genug Gelegenheit dazu. Als mich ein tamilischer Bekannter kontaktierte und mir aufgeregt erklärte, im Supermarkt liege ein Bündel Geldscheine am Boden, dies sei unsere Gelegenheit zu Geld zu kommen, alleine scheue er sich aber das Geld an sich zu nehmen, musste ich ihn in den Laden begleiten. Wir versteckten uns hinter einem Regal, er deutete von weitem auf das Geld. Vorsichtig näherte ich mich und hob das Bündel mit klopfendem Herzen auf. Wir hatten damals kein Geld und es schien wir hätten unglaubliches Glück. In Wirklichkeit handelte es sich um Schokolade, ein imitiertes Geldbündel diente als Verpackung.

Seit dem ‚Black July' 1983 suchten immer mehr tamilische Flüchtlinge in der Schweiz Asyl. Das zuständige Bundesamt für Polizeiwesen ließ verlauten, laut Schweizer Botschaft in Colombo, seien neunzig Prozent dieser mehrheitlich jungen Tamilen, gewöhnliche Einwanderer auf der Suche nach Arbeit. Die Behörden versuchten ein Zeichen zu setzen, indem sie mehrere Tamilen nach Sri Lanka zurückschafften. Aufgrund der Intervention von Amnesty international und verschiedenen Schweizer Organisationen stoppte der Bundesrat die Ausweisungen aber noch im gleichen Jahr. 1985 warteten schon fast dreitausend Tamilen in der Schweiz auf ihren Asylentscheid. Wir lebten in ständiger Unsicherheit; immer wieder gab es ein Hin und Her ob wir bleiben konnten oder nicht. Mehrere Male kündigten die Behörden die baldige Ausweisung von uns Tamilen an. Dann kamen sie auf diesen Entscheid zurück, wegen der prekären Lage in unserem Heimatland Sri Lanka. Im Unterschied zu Flüchtlingen anderer Länder, konnten wir auch nach der Ablehnung unserer Asylgesuche vorderhand in der Schweiz bleiben. Einerseits genügten also unsere Asylgründe nicht, andererseits sagten die Behörden, es sei in Sri Lanka zu gefährlich für uns. Wir verstanden dies ebenso wenig, wie die Helfer und Anwälte, die sich mit den Argumenten der Behörden auseinandersetzten. Manchmal widersprachen sich der Bund und die Kantone sogar, was uns aber auch nicht weiterhalf. Diese unberechenbare Politik verunsicherte auch die Schweizer Bevölkerung, die uns an einem Tag als an Leib und Leben gefährdete Flüchtlinge sah und am nächsten als faule Halunken, die es sich auf ihre Kosten gut gehen ließen.

So waren auch meine Erfahrungen mit den Schweizern gemischt. Im gleichen Haus wohnten großzügige Nachbarn, die uns besuchten, uns Gemüse aus ihrem Garten brachten oder mit Kleidern für die Kinder vorbeikamen. Es gab aber auch solche, die uns nicht mochten. Als Frau Schmid uns in ihr Ferienhaus einlud, maulte so einer: „Schweizer Kinder brauchen auch Ferien; warum helfen die eurer Familie und nicht Schweizern?" Immer wieder verunsicherten mich solche Gehässigkeiten. So fanden wir einmal vier an einen Abfallcontainer gelehnte ausrangierte Fahrräder. Ich spazierte immer wieder daran vorbei, richtete sie schließlich her und löste die Fahrradnummern bei der Polizei. Alles war in Ordnung. Eine Nachbarin hatte diese Fahrräder vor mir erblickt, aber sich nicht getraut sie mitzunehmen. Sie fragte mich: „Warum bewilligt die Polizei Ihnen diese Fahrräder? Das täte sie bei Schweizern nicht!"

Einer unserer Deutschlehrer bei der Freiplatzaktion, Uwe Beissert, bot uns an, an seinem Pfingstlager ‚Warteland Schweiz' auf den Leuenberg teilzunehmen. Wir waren die einzige tamilische Familie, die anderen Teilnehmer waren alleinstehende Tamilen und Migranten und Migrantinnen aus anderen Ländern. Irgendwie war es ein mobiles Flüchtlingsheim. Während der drei Tage in diesem Lager beschäftigten wir uns mit unserer Situation im Exil und in der Heimat.

Isa wandelte ein tamilisches Lied ab und wir sangen zusammen ihren Text über den Krieg in Sri Lanka. Sie hatte die Musik für ein Straßentheater geschrieben, welches sie nun auf Tamilisch sang. Ich las dazu den Text auf Deutsch vor. Alle Asylsuchenden wollten damals in ihre Heimat zurückkehren, deshalb der Titel des Seminars; niemand von uns wollte in der Schweiz bleiben.

Später wurde auf dem Leuenberg ein Seminar für Banklehrlinge veranstaltet. Diese jungen Leute hatten noch nie mit einem Tamilen auch nur ein Wort gesprochen. Die Freiplatzaktion fragte mich an, diesen über meine Heimat zu berichten. Ich erklärte den Lehrlingen den Hinduismus, schleppte Bilder und Kultgegenstände an, Kokosnüsse, Räucherstäbchen, Öllampen, bereitete Papadam, das sind tamilische Crackers, zu und nahm alte Briefmarken aus Sri Lanka mit, um sie zu verteilen. Ich baute auch einen Altar auf und erzählte über meine Kultur.

Damit begannen meine Besuche in Schulklassen und Hochschulen, welche die tamilischen Flüchtlinge und Sri Lanka besser kennen lernen wollten oder weil ihre Lehrer es ihnen verordnet hatten. Ich besuchte in all den Jahren die verschiedensten Schulen. Meine wichtigste Motivation für diese Tätigkeit war der schlechte Ruf, den die tamilischen Flüchtlinge hatten, da viele mangels Arbeitserlaubnis ihre Zeit oft auf Bahnhöfen und öffentlichen Plätzen totschlugen, und ich wollte, dass die Schweizer uns besser verstehen. Lehrer luden mich ein zu Themen wie Asien, Religion oder Flucht, auch in verschiedenen Deutschschweizer Kantonen in Seminaren für Erwachsene zu reden. Einige Teilnehmer schrieben später Briefe an die Behörden, um sich gegen unsere mögliche Ausweisung einzusetzen oder bedankten sich einfach bei mir.

Als ich erst kurze Zeit in der Schweiz war, besuchte ich einmal eine Schule in Reinach. Ich erzählte über mein Leben in Sri Lanka und in der Schweiz. Nachher stellten die Schüler Fragen. Einer fragte: „Warum handeln die Tamilen mit Drogen?", denn damals wurden die Tamilen in den Zeitungen oft als Drogenhändler dargestellt. Ich fragte diesen Schüler, was er machen würde, wenn ihm jemand Drogen gäbe und er sagte: „Ich werde es probieren." Ich antwortete: „Dann bist du der dümmste Schüler in der Schule." Er erschrak, denn er hatte diese Antwort nicht erwartet. Ich erklärte ihm: „Du musst es wegschmeißen. Wenn du probierst, wissen die andern, dass sie an dich verkaufen können."

Einer fragte: „Warum bist du von Sri Lanka weggereist ohne zu kämpfen?" Ich fragte zurück: „Was würdest du in einer Kriegssituation tun?" Der Junge sagte: „Ich würde kämpfen." Und ich: „Wenn du kämpfst, wirst du jemand anderen töten. Das wollte ich nicht, deshalb floh ich. In Sri Lanka ist kein Krieg, sondern ein Bürgerkrieg im Gange, ein Guerillakampf, die Rebellen greifen an und verstecken sich." Ich versuchte auch zu erzählen, dass ich, obwohl ich gegen den Kampf sei, die tamilischen Rebellen unterstütze, weil die Tamilen in der Minderheit sind und von der Mehrheitsregierung unterdrückt werden. Denn es gäbe niemand anderen, der für die Tamilen Partei ergreife. Aber ich gäbe den Rebellen kein Geld, um Waffen zu kaufen.

In einem Seminar für Berufstätige wurde ich gefragt:

„Warum tragen Tamilen immer teure Lederjacken." Diese Frage erstaunte mich und ich sagte: „Weißt du, kein Tamile kauft eine neue Jacke, sie kriegen alles von der Heilsarmee und den Organisationen, welche den Flüchtlingen helfen." Das wussten die Leute nicht. Unsere Familie hatte viele Kleider von der Heilsarmee erhalten, was ich den Seminarteilnehmern auch erklärte, mit solchen Sachen hatte ich keine Probleme. „Aber wieso eine Lederjacke?" Ich fragte in die Runde: „Wenn sie nach Asien reisen, ziehen sie etwa ihre Kleider aus, um nur mit einem kleinen Stück Stoff oben und unten herumzulaufen? Obwohl unsere Frauen sechs Meter lange Saris tragen, leben sie immer noch. Die Frauen aus Europa denken immer, dass in den heißen Ländern die Kleider zu heiß sind für ihren Körper. Die Tamilen erleben das Gleiche umgekehrt. In Europa ist es zu kalt für sie. Sie suchen einen Schutz, das ist die Lederjacke, wir kaufen sie aber nicht. Könnt Ihr Euch vorstellen, was das für ein Schock für mich war, als ich zum ersten Mal Schneeflocken auf meiner Hand spürte und ich begriff: das ist Eis."

In einem Seminar für zukünftige Sozialarbeiter in Asylunterkünften fragte mich eine Frau, ob es mich stört, wenn ein Schweizer Mann und eine Frau sich auf der Straße umarmen und küssen. Natürlich störte es uns Tamilen, denn wir wollen nicht, dass sich Erwachsene vor den Kindern zur Schau stellen, aber ich wollte dies vor den Schweizern nicht bejahen und sagte: „Nein, das ist eure Sache." Aber die Frau ärgerte sich und sagte: „Du sagst nicht, was du wirklich denkst." Im gleichen Seminar fragte ich die Teilnehmenden: „Wo befindet sich Sri Lanka auf der Weltkarte?" Die Hälfte der Anwesenden wusste es nicht. Einer fragte: „Warum lächeln die Tamilen immer?" Ich erwiderte: „Die Tamilen wollen einerseits Freundlichkeit ausdrücken, andererseits Respekt. Wenn jemand seine Arbeit ohne Lächeln macht, respektiert er in unseren Augen die anderen nicht."

Ich machte fast überall mit, wenn es um tamilische Migranten, um Asyl oder Hinduismus ging. Ich erzählte über meine Heimat Sri Lanka, die tamilische Kultur, das Leben der Diaspora, auch über Religion, obwohl ich nicht religiös bin, über die politische Situation, obwohl ich mich nicht allzu sehr für Politik interessiere. Vom Schweizer Radio DRS wurde ich auch mehrere Male zu verschiedenen Themen eingeladen.

Die Schweizer Leute zeigten sich immer interessiert. Oder taten sie nur so? Ich war jedenfalls glücklich dabei und machte viele Jahre damit weiter. »

9) Auf Abruf

« Das Schlimmste seit unserer Ankunft in der Schweiz war, dass wir jeden Tag auf das Klingeln des Briefträgers warteten. Jeder Tag konnte der eingeschriebene Brief aus Bern mit dem Entscheid über unser Asylgesuch kommen. Jeden Abend wartete ich schon auf den Briefträger am nächsten Tag.

1986 wurde Peter Arbenz als Delegierter für Flüchtlingsangelegenheiten eingesetzt, um eine Strategie für die Asylpolitik zu entwickeln. Im Jahr darauf suchten schon viertausendfünfhundert tamilische Flüchtlinge in der Schweiz Asyl; in Frankreich und Deutschland waren es gleichzeitig je etwa fünfundzwanzigtausend. Sri Lanka näherte sich immer mehr dem Abgrund. Aber nur die Schweizer Regierung sprach sich immer wieder für eine Ausweisung der Flüchtlinge aus, um den Entscheid dann aber wieder zurück zu ziehen. Die widersprüchliche Politik der Schweiz hatte sicher zum Ziel, neue Flüchtlinge abzuschrecken. Für uns war es eine Katastrophe, da wir ständig auf der Abschussrampe standen. Einige Male fingen wir sogar an unsere Koffer zu packen, manchmal aus Hoffnung auf baldigen Frieden in Sri Lanka, manchmal weil wir befürchteten, noch in der gleichen Woche ausgewiesen zu werden.

Die Situation in Sri Lanka schien sich schließlich zu unseren Gunsten zu wenden. Die tamilischen Rebellen kontrollierten immer größere Gebiete Sri Lankas, auch weite Teile der Halbinsel Jaffna. Als die Armee eine Großoffensive startete, um die Gebiete zurückzuerobern, schützte die indische Luftwaffe, unter Verletzung der sri-lankischen Hoheitsrechte, die tamilische Zivilbevölkerung. Dies führte zu Spannungen zwischen den beiden Ländern.

Im Juli 1987 schlossen dann Indien und Sri Lanka überraschend den ‚Indo-Srilankan Peace Accord', ein Friedensabkommen, das für die tamilischen Regionen in Sri Lanka eine beschränkte Autonomie vorsah. Im Gegenzug sollten die tamilischen Rebellen ihre Waffen abgeben. Zur Kontrolle des Abkommens wurde die Indian Peace Keeping Force, mit fünfzigtausend Soldaten, geschickt.

Überraschend anerkannte die Regierung Sri Lankas die LTTE am 15. September 1987 als politische Partei an; das hatte niemand von uns erwartet. Wir informierten uns aufgeregt fast stündlich am Radio über die Geschehnisse und hofften, nun bald nach Sri Lanka zurückzukehren. Plötzlich sprach meine Frau nur noch von Sri Lanka und ich sagte meinen Schweizer Freunden: „Wir sind glücklich, jetzt können wir endlich nach Hause."

Isa und ich hatten schon vorher einmal vorgehabt auszureisen, aber nach Indien, wegen unserer Schwierigkeiten, uns in der Schweiz einzuleben. Wir wollten wenigstens in unseren Kulturraum zurück. Wir fragten damals ein paar Schweizer Freunde, ob sie uns jeden Monat fünfzig Franken zahlen, damit wir für die Reise sparen können; mehrere waren einverstanden. Wir ließen die Idee später wieder fallen, denn ohne Geld konnten wir in Indien nicht leben und Arbeit würden wir keine finden. Wir hatten aber immer Heimweh. Und nun, seit kurzem hatten wir wieder Hoffnung. Doch bald schon sahen wir ein, dass die Friedensbemühungen in Sri Lanka in eine Sackgasse gerieten.

Am 30. April 1987 kam dann der gefürchtete Brief. Unser Asylgesuch war abgelehnt, wir hätten die Schweiz vor dem 15. Juli 1987 zu verlassen. Die Fremdenpolizei des Kantons Basel-Landschaft werde mit dem Vollzug unserer Wegweisung beauftragt. Ich war wie erschlagen und konnte zuerst gar nicht denken. Ich wollte nicht noch einmal mit meiner Familie, in einen VW-Bus gepfercht, heimlich über eine Grenze fahren oder durch einen Wald schleichen, um nicht in den Krieg zurück geschickt zu werden. Ich wollte einfach an einem Ort bleiben können. Der Behördenentscheid beruhte auf folgenden Erwägungen, welche meine Vergangenheit so zusammenfassten, als würden sie einen Fremden beschreiben:

„...Die Glaubwürdigkeit der Darlegungen der Gesuchsteller ist nicht gegeben, wenn sie bezüglich ihrer Identität falsche Angaben machen.

.. Erschwerend kommt hinzu, dass der Gesuchsteller ein bereits am 28. Juni 1982 in der Schweiz eingereichtes Asylgesuch auf der Beschwerdeebene zurückgezogen hatte und freiwillig nach Sri Lanka zurückgekehrt war...

.. Trotz einer über ihn verhängten Einreisesperre reiste der Gesuchsteller am 14. Juli 1985 mit seiner Familie in die Schweiz ein und stellte im Kanton Basel-Stadt ein Asylgesuch. Nach dessen Ablehnung und der Rückweisung der Gesuchsteller in die Bundesrepublik Deutschland, verhängte das Bundesamt für Ausländerfragen am 26. Juli 1985 eine sofortige Einreisesperre über die Gesuchsteller. Trotz deren Gültigkeit reisten die Gesuchsteller noch am gleichen Tag erneut illegal in die Schweiz ein und suchten im Kanton Basel-Landschaft unter falscher Identität um politisches Asyl nach...

.. Der vom Gesuchsteller geltend gemachte gewaltsame Tod seiner Brüder entbehrt der vom Gesetz geforderten, gegen den Gesuchsteller persönlich gerichteten staatlichen Verfolgungsmaßnahmen...

... Die vom Gesuchsteller geltend gemachte Angst vor einer möglichen künftigen Verhaftung kann nicht als begründete Furcht im Sinne des Asylgesetzes anerkannt werden. Befürchtungen über möglicherweise eintreffende Ereignisse sind asylrechtlich nur relevant, wenn dem Gesuchsteller mit beachtlicher Wahrscheinlichkeit staatliche Verfolgungsmaßnahmen aus den im Gesetz genannten Gründen drohen, die geeignet sind, ernsthafte Nachteile zu bewirken…

…Das Asylverfahren hat ergeben, dass die Gesuchsteller durch eine Rückschaffung in den Heimatstaat nicht zur Ausreise in ein Land angehalten werden, wo ihr Leib, ihr Leben und ihre Freiheit aus einem für die Asylgewährung maßgebenden Gründe gefährdet ist."

Man ließ uns die Möglichkeit offen, gegen den Entscheid innert 30 Tagen Beschwerde einzulegen. Aber die Asylbehörde sagte uns ja in ihrem Entscheid, dass wir in Sri Lanka nichts zu befürchten hätten, während in den tamilischen Gebieten jeden Tag unbeteiligte Menschen verhaftet oder umgebracht wurden. So vernahm ich eines Tages geschockt durch einen Brief, dass die singhalesische Nachbarsfamilie John, meine zweite Familie während meiner Kindheit, in unserem Dorf nachts im Schlaf von tamilischen Rebellen massakriert wurde, nur zwei Mitglieder der Familie überlebten.

Unser Anwalt setzte eine Beschwerde auf gegen den Entscheid und argumentierte, unsere Ausweisung sei, auch im Hinblick auf die weitere Zukunft unserer Kinder, unzumutbar. Die älteren beiden Kinder hätten nach Jahren der Angst und Unsicherheit eine neue Heimat gefunden. Der Anwalt betonte, dass Sujeetha zwei Mal wegen Epilepsie und Angstzuständen ins Kinderspital Basel eingeliefert werden musste und immer noch ärztlich behandelt werde, die Behandlung könne im Falle einer Rückschaffung nach Sri Lanka nicht auf gleichem Niveau fortgesetzt werden. Unsere Tochter hatte mehr als wir anderen unter den Auswirkungen des Kriegs zu leiden.

Die Schweizer Behörden wollten möglichst alle tamilischen

Asylgesuche bis im Frühjahr des folgenden Jahres erledigen, gleichzeitig auch die Rekurse gegen die negativen Entscheide. Das versetzte uns wieder in Angst, da wir wussten, dass dieser Zeitpunkt für eine Rückkehr für uns zu früh war. Wir hielten die Zeit der Ungewissheit zwischen der Ablehnung unseres Asylgesuchs und dem Termin unserer Ausweisung nur aus, weil wir glaubten, dass es hier in der Schweiz genügend Menschen gäbe, die uns im Notfall helfen würden, irgendwo unterzutauchen.

Als auch die befürchtete Ablehnung unserer Beschwerde eintraf, stellte unser Anwalt im September 1988 ein Gesuch für eine Aufenthaltsbewilligung aus humanitären Gründen, also unabhängig von der unmittelbaren Kriegsentwicklung. Zu dieser Zeit reichten meine Deutschkenntnisse noch nicht aus, um den Papierkrieg zwischen den Behörden und unserem Anwalt detailliert zu verfolgen. Ich verließ mich auf die Erläuterungen unseres Anwalts, von dem ich denke, dass er sein Bestes tat. Und wieder begann das Warten, die Angst, dass im Briefkasten schlechte Nachrichten aus Base-Land oder Sri Lanka lauerten. Ich dachte, dass das Warten schlimmer sei als eine schlechte Nachricht, aber als ich plötzlich erfuhr, dass mein Vater erschlagen worden war, traf es mich heftig. Mein Vater war ein stiller Mann gewesen, der sich nur für seine Familie und seine Arbeit interessierte und keinesfalls für Politik.

Am 24. November 1988 töteten Soldaten der Indischen Friedenstruppe meinen Vater in Adampan. Ein Freund schrieb es mir aus unserem Dorf. Eine Telefonverbindung war wegen der Kriegssituation nicht möglich. Er schrieb, dass fast alle Dorfbewohner flohen, als die Indische Armee in unser Dorf vorrückte. Aber mein Vater harrte in seinem Laden aus, überzeugt davon, dass ihm wegen seines fortgeschrittenen Alters niemand etwas antun würde. Als die Soldaten ihn nach dem Aufenthaltsort von LTTE-Kämpfern

fragten und er antwortete, er wisse es nicht, schlugen sie ihn
brutal nieder. Bevor er am nächsten Tag starb, konnte er
seiner Familie noch erzählen was geschehen war. Ich wollte
mir das alles nicht vorstellen. Später erfuhr ich, dass es für
meine Verwandten gefährlich gewesen war, die Beerdigung
meines Vaters zu organisieren, da Zusammenkünfte zu
dieser Zeit verboten waren und eine versammelte Menge
jederzeit von der Armee attackiert werden konnte. Ich stand
unter Schock, doch fühlte ich mich nicht traurig. Erst sehr
viel später, als ich einmal in Basel im Bus zur Arbeit fuhr,
fing ich an zu weinen.

Die Lage in Sri Lanka beruhigte sich nicht. Ranasinghe
Premadasa gewann 1988 die Präsidentschaftswahlen und
forderte die Indische Regierung auf, ihre Truppen aus Sri
Lanka zurückzuziehen, da Indien immer mehr zwischen die
beiden Kriegsparteien geriet, und die sri-lankische Regierung
Indien ihre Sympathien für die LTTE vorwarf. Nach der
Verhaftung von elf Boys durch die sri-lankische Armee zog
die LTTE ihre Unterstützung für das Friedensabkommen
zurück. Danach kam es zum endgültigen Bruch zwischen
Indien und der LTTE. Als Reaktion lancierte die Indische
Friedenstruppe eine Großoffensive gegen die LTTE,
worunter vor allem die tamilische Zivilbevölkerung zu leiden
hatte. Als dann die Indische Friedenstruppe nicht dem
Abkommen gemäß aus Sri Lanka abzog, begann die sri-
lankische Regierung, so überraschend das klingt, der LTTE
heimlich Waffen zu liefern für den Kampf gegen die Indische
Armee. Dadurch gestärkt stürzte sich die LTTE nun
gleichzeitig in den Kampf gegen die Indischen Truppen und
gegen rivalisierende tamilische Rebellengruppen.

Gleichzeitig war nun flüchtenden Tamilen der Weg nach
Indien abgeschnitten. Indien, das bereits hunderttausende
von Flüchtlingen aus Sri Lanka aufgenommen hatte, schickte
jetzt viele Tamilen wieder in die unruhigen Gebiete zurück.

Viele versuchten deshalb, nach Europa weiter zu flüchten. Meine Situation war eigentlich beneidenswert, wenn ich an dieses Chaos denke. Die LTTE hatte ihre Machtposition ausgeweitet, die übrigen tamilischen Gruppierungen waren alle politisch geschwächt und demoralisiert; ebenso die sri-lankische Regierung und die Armee. Schließlich, erst zwei Jahre nach der offiziellen Aufforderung des sri-lankischen Präsidenten, verließ der letzte indische Soldat das Land.

Die Asyl ‚Empfangsstelle' in Basel war mittlerweile schon zu klein, um alle ankommenden Asylsuchenden aufzunehmen. Seit 1988 war es in der Schweiz nur noch an vier ‚Empfangsstellen' an der Grenze in Basel, Kreuzlingen, Genf und Chiasso erlaubt, ein Asylgesuch zu stellen, und nicht mehr bei der Polizei in jedem Kanton, was die Situation für die angereisten Tamilen noch komplizierte. Es war natürlich absurd zu erwarten, dass Flüchtlinge sich an einem Grenzübergang mit ihren vollständigen Identitätspapieren und Reisevisum präsentieren, um Asyl beantragen. Dies war nur denen möglich, die ihre Flucht sorgfältig vorbereiten konnten. Wer aber von Panik ergriffen floh, hatte diese Papiere nicht bereit. Bei uns in Sri Lanka ist es nicht wie in der Schweiz, wo fast jeder seinen Reisepass einfach aus der Schublade ziehen kann.

Das Schweizer Asylgesetz wurde über die Jahre ständig revidiert. Neu war nun auch, dass die Asylsuchenden Kantonen zugeteilt wurden, also nicht mehr automatisch im Kanton, wo sie ihr Asylgesuch stellten, aufgenommen wurden. Außerdem durften sie während den ersten drei Monaten in der Schweiz nicht arbeiten. Die Einheimischen würden sich wieder über die faulen Tamilen beklagen, die nur herumlungern und vom Sozialamt subventioniert werden. Aufgrund der Überbelegung in der Empfangsstelle wurden die Asylsuchenden in Basel im Zivilschutzbunker beim Gymnasium Bäumlihof untergebracht, wo sie auch Essen und Zigaretten erhielten und dort auf ihre Asylbefragung warteten. Und weiterhin wurde uns Tamilen einerseits mündlich versichert, wir könnten bis auf weiteres in der Schweiz bleiben, andererseits erhielten die Tamilen laufend negative Asylbescheide mit fixen Ausreisedaten.

Im gleichen Jahr, 1988, starb meine älteste Schwester bei einem Unfall in Kilinochi. Ich erfuhr es durch einen Telefonanruf aus Sri Lanka, als ich alleine zuhause war. Ich ertrug es kaum und musste es jemandem erzählen. So rief ich einfach eine befreundete Schweizer Familie an. Sie sagten: „Es tut uns leid, wir können nichts machen", und legten auf. Ich vergaß es, blieb sitzen und stierte vor mich an die Wand, bis die Hausglocke klingelte. Da stand dieser Freund mit Frau und Kindern. Ich war traurig, aber sehr froh, dass sie da waren. Nach dem Tod meines Vaters und dreier Brüder musste ich nun auch noch diesen Verlust verdauen. Sie alle waren aus meinem Leben verschwunden, ohne dass ich an einer einzigen Bestattung teilnehmen konnte.

Und dann vernahmen wir auch noch erschüttert, dass mein zweitjüngster Bruder Sri Sanger verschwunden war.

Als ehemaliges Mitglied einer militanten tamilischen Gruppe, schrieb er mir, er sei in einer verzwickten Lage. Nun habe er mit sämtlichen tamilischen Gruppierungen Probleme, auch mit seiner Ehemaligen und flehte mich an, ihm zu helfen in Belgien Asyl zu erhalten. Ich weiss nicht mehr, wieso er ausgerechnet nach Belgien wollte. Ich bezahlte die gesamte Reise und schickte Geld nach Colombo für einen Schlepper, dieser sollte ihn via Bangkok nach Belgien bringen. Es lief aber schief in Belgien. Sri Sanger hatte keinen Pass dabei und wurde nach Bangkok zurückgeschickt, wo er vier Monate inhaftiert blieb, da er nicht nachweisen konnte, dass er sri-lankischer Herkunft ist. Um dies zu beweisen, musste ich zuerst vom Dorfchef aus Mannar eine Bestätigung verlangen und an die Botschaft Bangkoks schicken. Ich ärgerte mich über die Umstände, die ich mit der Sache hatte, schickte aber Geld an die Botschaft und diese organisierte einen Pass. Sri Sanger flog zurück nach Colombo und blieb dort ein paar Monate. Als er wieder in Colombo war, sammelte ich Geld für einen zweiten Ausreiseversuch. Nachdem mein Bruder das Geld erhielt, überredete ihn vielleicht ein Freund das Geld besser dort zu investieren. Jedenfalls blieb er in Sri Lanka und ich ließ irritiert die Sache auf sich beruhen.

Ein paar Monate später gab es eine Zeit, da schwammen in den Seebecken Colombos täglich mehrere tamilische Leichen, im Ganzen waren es Hunderte. Wir hörten, dass den Leichen die Hände auf dem Rücken zusammengebunden sind. Zu dieser Zeit verschwand auch mein Bruder Sri Sanger. Ich ließ ihn durch Bekannte und Amnesty international in Colombo suchen. Meine Verwandten sind überzeugt, dass mein Bruder eines dieser Opfer war. Aber wir hatten keine Beweise dafür und gaben später die Suche nach der Wahrheit auf.

Weitere Verwandte versuchten aus Sri Lanka auszureisen. Mein Bruder Somusandaram, Landwirt in Kilinochi, wollte unbedingt mit seinem Schwager Ganesh zusammen flüchten. Ich schrieb ihnen, ich werde Euch helfen ins Ausland zu gelangen, wenn Ihr von Kilinochi nach Colombo gereist seid. Doch in Colombo wurden sie von der Armee festgenommen und für acht Monate inhaftiert. Den Grund der politisch motivierten Verhaftung habe ich vergessen, jedenfalls durfte die Polizei ja, seit dem Anti-Terrorism Act, jeden jederzeit ohne Grund verhaften. Die Ehefrauen der beiden Männer schimpften, ich sei für die Verhaftungen der beiden verantwortlich. Ich musste ihnen also einen Anwalt und Geld besorgen, obwohl ich damals keine Stelle hatte und mich selber kaum über Wasser halten konnte. Ich nahm auch sofort mit Amnesty in England Kontakt auf. Deren Leute vor Ort in Colombo besuchten Somusandaram und Ganesh.

Ich informierte auch das Internationale Rote Kreuz. Vielleicht weil sie immer wieder besucht wurden, hatten mein Bruder und mein Schwager Glück und wurden freigelassen. Die Situation belastete mich so sehr, dass ich ein Gedicht über diese verhinderte Flucht schrieb und auch allgemein das Schicksal der Kinder Sri Lankas. Dies erschien in einem Heft tamilischer Schriftsteller, die in Europa leben. Nach der Freilassung der beiden Verhafteten drängte ich sie, ins Ausland zu flüchten, aber sie hatten panische Angst erneut festgenommen zu werden. Das Geld, welches ich vor der Ausreise für die Schlepper überwiesen hatte, erhielt ich natürlich nicht wieder. Somusandaram und Ganesh wollten zurück nach Kilinochi, zu ihren Familien. Einerseits konnte ich das verstehen, andererseits, dachte ich mir, dass sie gleich dort hätten bleiben können.

Da ich mit meinen Versuchen, meine Geschwister aus Sri Lanka herauszuholen, schlechte Erfahrungen gemachte hatte, wünschte ich nicht, dass es weitere Brüder wagten. Auch sah ich, wie die jungen Tamilen in Basel lebten. Es gab in den ersten Jahren des Bürgerkrieges in der Schweiz fast nur alleinstehende Tamilen. Ohne verwandtschaftliche Kontrolle durch ihre Verwandten konnten diese jungen Tamilen tun und lassen, was sie wollten und schlugen manchmal über die Stränge. Einige fingen in der Schweiz an zu rauchen oder Alkohol zu trinken, was in Sri Lanka für sie undenkbar gewesen war. Bei uns gilt, ‚wer Alkohol trinkt, kann nicht mehr richtig für seine Familie sorgen‘. Natürlich gibt es Männer, die in Sri Lanka heimlich trinken. Es wird sogar oft maßlos getrunken. Wir denken, dass, wer einmal trinkt, es immer wieder tun wird. Ich habe nie Alkohol probiert, weil ich befürchtete, wenn ich einmal probiere, kann ich nicht mehr aufhören. Nur wer nicht trinkt und sich auch sonst an die strengen Regeln der tamilischen Kultur hält, ist für uns eine Respektsperson. Wenn ein junger Mann den Ruf als Alkoholiker oder viele Frauen hat, will ihn kein

Mädchen mehr heiraten.

Aber gerade bei tamilischen Hochzeiten in der Schweiz wird oft geradezu gesoffen. Die Männer ziehen sich dazu in einem Zimmer zurück. Die Tamilen in der Schweiz sagen sich, wir sind frei, wir sind die Könige, aber in ihrem Herzen haben sie doch immer auch ein schlechtes Gewissen. Auch dachten die Jungen damals, dass ihr Aufenthalt in der Schweiz nur vorübergehend sei, und sie danach immer noch eine Frau in Sri Lanka finden würden. Der unsichere Aufenthaltsstatus der Tamilen in der Schweiz, und damit die schlechte Arbeitssituation, verunmöglichte es verheirateten Tamilen ihre Frau und Kinder in die Schweiz nachkommen zu lassen, und den anderen eine Frau zum Heiraten in die Schweiz zu holen. Auch die Tamilen, welche von ihrem Asylstatus her die formellen Bedingungen erfüllten, um ihre Familie in die Schweiz zu holen, durften dies oft nicht, da ihr Lohn oder die Größe ihrer Wohnung nicht den behördlich festgelegten Normen entsprach. Junge Tamilen haben in ihrem Heimatland Enthaltsamkeit gelernt, sie mussten diese Zeit einfach durchhalten oder gingen ins Bordell.

Tamilische Ehen wurden seit jeher arrangiert und so war es für uns ganz natürlich, dass immer wieder Frauen in die Schweiz kamen, um junge Tamilen zu heiraten, die sie nur flüchtig kannten, fern mit ihnen verwandt waren oder diese vielleicht noch nie gesehen hatten. Der junge Tamile erhielt vorher ein Passfoto mit Informationen über seine zukünftige Braut und ihre Familie. Manchen Schweizern erschien dies, als ob diese Frauen eine Scheinehe eingehen, um die Schweizer Behörden zu übertölpeln. Es entsprach aber unserer Art der Heiratsvermittlung. Außerdem kamen zu dieser Zeit für die Tamilen in der Schweiz nur Ehen mit Frauen aus der eigenen Kultur in Frage. Dies begann sich erst allmählich zu ändern

Ich lernte in meinen ersten Jahren in Pratteln viele Tamilen kennen, die arbeitslos oder in prekären Arbeitssituationen isoliert vor sich hinlebten, depressiv waren und zu Alkoholikern wurden. Da sie kein Deutsch verstanden, konnten sie sich außer mit anderen Tamilen, die zum Teil das Gleiche erlitten, nicht unterhalten. Auch scheiterten sie oft an dem Erlernen der Sprache, denn auch nach mehreren Deutschkursen verstanden sie trotzdem noch kein Schweizerdeutsch. Sie konnten es auch nicht üben, denn in ihrer Freizeit flüchteten sie sich in ihre tamilische Kultur und bei ihrer Arbeitsstelle trafen sie oft mehr Türken, Spanier und Kosovoalbaner an als Schweizer. Nichts in der Schweiz entsprach dem, was wir erwartet hatten. Aber war es besser in Sri Lanka zu bleiben und zu hoffen, nicht zwischen die Fronten zu geraten? »

10) Briefe aus einer anderen Welt

Moorthy erreichten in all den Jahren in der Schweiz aus Sri Lanka nicht nur Anfragen zu helfen, sondern auch traurige Berichte von Verwandten und Freunden, welche dem Krieg ausgeliefert waren.

Lieber Moorthy   4. September 1985

Wir haben Euren Brief erhalten. Es geht uns gut, abgesehen von der fehlenden Sicherheit. Wir hoffen, dass ihr glücklich und in Sicherheit lebt. Du hast ja bereits drei Brüder verloren, die Gefahr, die von der Armee her droht, ist nicht zu Ende. Letzten Monat, am 25. August 1985, kam die Armee in unser Dorf. Sie durchsuchten unser Haus, nahmen Dein Foto mit, das Deines Bruders Bala, und aus unserem Schrank einige Dokumente. Wir wissen nicht genau, was es alles war. Als sie kamen, war Dein Vater in Mannar. Deine Schwiegermutter und ich waren allein zu Hause. Ein Soldat zeigte mir Balas Foto und fragte, wo er sei. Ich sagte, er sei von der Armee erschossen worden. Dann fragte der Soldat, wo du seist. Ich sagte: „Wir wissen es nicht." Da sagte er: „Wir werden ihn finden." Gestern wurden Parlamentarier aus Kopay und Manipay von Unbekannten umgebracht.

Es tut uns leid, dass wir Sujeetha und Pratheeb nicht sehen können. Was sollen wir tun? Die Situation in unserem Land ist so schlimm. Viele Junge sind geflüchtet. Wir ernten Kokosnüsse auf unserem Farmland und verkaufen sie. Es geht uns gut und wir beten für Deine Gesundheit. Bitte gib uns öfters Nachricht, wie es den Kindern geht. In Uduvil hat die Armee zehn Personen, darunter acht Schüler, getötet. Zusätzlich wurden viele Menschen verletzt. Die Soldaten drangen in die Häuser ein und wollten alle umbringen.

Wir hoffen, Gott möge uns retten.

Deine Schwester Indra

Lieber Moorthy   14. November 1985

Wie geht es Euch und den Kindern? Wir leben in ständiger
Angst. Heute Nachmittag um fünf beschoss, scheinbar
grundlos, ein Armeehelikopter unser Dorf. Von unserem
Unterstand aus sahen wir nur das Geschützfeuer, das mehr
als eine Stunde dauerte. Niemand wagte sich aus dem Haus.
So geht es ungefähr jede Woche einmal. Es kommen immer
mehr Soldaten in unsere Gegend, aber die Regierung gibt vor
nicht zu wissen was ihre Armee macht.

Es gibt keine Hoffnung diese Zwischenfälle zu beenden. Wir
sind das hilfloseste Volk auf dieser Erde. Viele Menschen
flüchteten aus diesem Land, wir versuchten es auch, aber es
gelang uns nicht.

Manche Menschen wurden getötet, S. der Sohn meiner
Schwester und viele andere junge Männer versuchten per
Schiff nach Indien zu entkommen, aber wurden von der
Marine erschossen. Nur K. überlebte und wurde ins
Armeecamp geschleppt. Letzte Woche wurden unser Freund
P. und seine Mitarbeiter mit ihrem Lastwagen angehalten,
brutal geschlagen und das Auto zertrümmert. Jetzt sind sie
im Spital.

Gestern geschah ein Zwischenfall in A., dabei wurden sechs
Menschen getötet, auch ein junges Mädchen. Jetzt ist ihr
Vater geistig verwirrt.

Ihr habt Glück, dass Ihr das alles nicht mit ansehen müsst
und außerhalb der Reichweite ihrer Pistolen lebt. Aber wir
hier sind in einer sehr schlimmen Situation, jede Minute sind

wir darauf gefasst, dass die Armeegeschosse uns treffen können. Wir beschlossen das Land zu verlassen, sobald wir unsere Rente erhalten haben werden.

Chandra

Lieber Moorthy und Familie   10. Januar 1986

Es geht uns gut, wir hoffen von Euch dasselbe. Die Zugverbindungen funktionieren nicht mehr, deshalb kommen Briefe mit Verspätung an. Die Gefahr nimmt jeden Tag zu. Die Armee schoss von der Festung aus, viele Menschen wurden verletzt, und die Kugeln erreichten auch unser Geschäft. Wir fürchten uns nun zu unserem Laden zu gehen, da es gefährlich ist. Die Kugeln trafen Lingams Geschäft. Die Gefahr kommt auch von oben, weil sie auch aus Helikoptern schießen. Unser Leben liegt auf unserer Handfläche. Die Menschen meiden die Stadt, deshalb läuft unser Geschäft kaum noch. An manchen Tagen öffnen wir den Laden für ein paar Stunden, manchmal gar nicht. Allen Ladenbesitzern ergeht es gleich. Vor zwei Tagen gab es wieder Alarm, wir alle rannten hinaus. Am nächsten Tag sahen wir Blut an den Läden. Wir können nicht mehr richtig essen vor lauter Angst. Wir müssen stets darauf gefasst sein, dass sie schießen. Die Kinder können nicht mehr lernen, die ganze Zeit sprechen sie von diesen Dingen. Wir können auch nicht mehr richtig schlafen. Wir wissen nicht, wann die tamilischen Probleme gelöst sein werden. Aber wir sind sicher, dass wir vorher sterben werden.

Dein Freund Merwin

11) Lichtblicke im Warteland

« Als wir 1985 noch im Hotel Salmen in Pratteln wohnten, besuchte ich an der Migrosclubschule einen Englischkurs. Bald schloss sich Sujeetha an, die meinem Beispiel folgte, obwohl sie erst zehn Jahre alt war. Für mich war es logisch meine Englischkenntnisse zu vertiefen, auch wenn die Leute von mir erwarteten, dass ich Deutsch lerne und nachher auch noch Baseldeutsch. Außerdem glaubte ich, mein Aufenthalt in Pratteln sei nur vorübergehend, und dass mir das Englisch, wo auch immer, viele Türen öffnen werde. Damals konnte ich nicht ahnen, dass ich den größten Teil meines Berufslebens in einer Firma arbeiten würde, wo nur Englisch gesprochen wird, und dies in Basel.

Ich schrieb mich auch für einen Informatikkurs bei einer Privatschule ein und konnte dort einen Computer mieten, um zuhause weiter zu lernen. Dies tat ich stundenlang, trotz Isas Missfallens, auch um die Zeit totzuschlagen. Der erste dreimonatige Kurs kostete mich zweihundertneunzig Franken, was ich mir nur mit vielen Einsparungen im Alltag leisten konnte. Für den Fortgeschrittenen-Kurs hatte ich dann einfach kein Geld mehr. Ich war sehr erstaunt, als einer der Kursteilnehmer anbot, mir den Kurs zu bezahlen. Ich kannte ihn nicht gut und hatte nicht erwartet, dass den Basler meine Situation interessiert. Er half mir ohne große Erklärungen. Er ist auch heute noch ein guter Freund.

Die nächsten vier Jahre besuchte ich eine Reihe von Englisch- und Computerkursen. Es gelang mir immer knapp, die dreihundertneunzig Franken pro Monat zu bezahlen, dazu diente ein guter Teil der Subvention des Sozialamts für unser Essen. Bis ich die rettende Idee hatte, Tamilen selber Englisch und Computerkurse anzubieten. Viele waren arbeitslos und froh in der leeren Zeit beschäftigt zu sein. Ich musste natürlich meinen Kursteilnehmern immer einen Schritt voraus sein und deshalb immer weitere Computerkurse absolvieren. Aber ich verfügte wenigstens im Englisch über genügend Vorkenntnisse.

Anfangs konnte ich nur fünf Computer beschaffen, an denen je zwei Schüler übten; später stellte ich jedem ein Gerät zur Verfügung. Eigentlich hatte ich nicht einmal genügend Geld, um meinen ersten Computer zu kaufen. Ich hatte nur die Hälfte der benötigten dreitausend Franken zusammen. Es war wieder einmal Frau Schmid, die mir aushalf und den Betrag lieh. Sie begleitete mich in das Computergeschäft, redete mit dem Verkäufer und regelte die Bezahlung; ich stand wortlos daneben und dachte einmal mehr, ohne Geld und Sprachkenntnisse ist man wie ein Kind.

Meine Computer- und Englischkurse kosteten für jeden nur fünfundzwanzig Franken pro Monat. Aber dank der Zahl der Teilnehmer, die schnell wuchs, konnte ich daraus meine eigenen, teureren Kurse finanzieren. Es blieb sogar immer etwas von den Einnahmen übrig, was Isa ihrerseits wieder toleranter gegenüber meinem vollen Pensum stimmte. Außerdem bin ich nicht gern alleine und ich hatte so immer Leute im Haus. Täglich kamen morgens meine Schüler zu mir nach Pratteln. Aber die empfindlichen Nachbarn beschwerten sich schon, wenn sie nur wenige Personen ins Haus gehen sahen. Sie reklamierten mehrmals beim Hausbesitzer und dieser rief jeweils sofort bei mir an, fuhr mich an, ich solle woanders unterrichten. Es war wohl nicht so sehr der Lärm, den wenige Menschen machen, die an einem Computer arbeiten, sondern dass es die Nachbarn beunruhigte, dass jeden Morgen mehrere dunkelhäutige Männer unser Haus aufsuchten.

Ich war es aber meinerseits aus Sri Lanka nicht gewohnt, dass irgendjemand zählte oder überwachte, wie viele Menschen bei mir ein und aus gehen. Es freute mich einfach, dass ich immer mehr Kursteilnehmer hatte, mit der Zeit sogar aus der ganzen Schweiz. Die Tamilen brauchten damals, außer Computerkenntnissen, irgendeine Kommunikationssprache und dachten wie ich, dass Englisch, welches sie schon ein wenig kannten, einfacher für sie sei als das völlig neue Deutsch.

Ich wollte mich durch die Nachbarn nicht einschüchtern lassen, musste aber schließlich eine andere Lösung für die Kurse, die ich anbot, finden. Ich erhielt die Zusage für die Räume der Freiplatzaktion. Dort gab ich meine Englischkurse mehrere Jahre jeden Abend bis 1989, gleichzeitig bot ich samstags und sonntags weiterhin zuhause Computerkurse an. Nun waren es Intensivkurse, die von morgens bis abends dauerten. Bis im Jahr 2000 bot ich solche Kurse für Erwachsene an, später nur noch für Kinder. Den Einnahmen zuliebe ging ich über Isas Erbitterung und Vorwürfe, ich vernachlässige die Familie, hinweg.

Zuversichtlich gründete ich die Schule ‚Educational Project In Computer Science'. Das Erziehungsdepartement Basel-Landschaft bewilligte mir dafür die Benutzung von Schulräumen. Davon machte ich aber nie Gebrauch, da wir 1990 in ein Einfamilienhaus zogen und ich nun Besucher empfangen konnte, wie es mir gefiel. Ich verfügte sogar über genügend Platz, um mein Kursangebot zu erweitern.

Viele der Teilnehmer wollten sich natürlich einen eigenen Computer kaufen. Eine Firma in Oberwil akzeptierte Teilzahlungen meiner Kursteilnehmer, ich vermittelte die Bestellungen. Ich schätze, dass rund dreitausend Tamilen aus der ganzen Schweiz und aus Deutschland, meine Kurse besucht haben.

Bald nach unserer Ankunft in Basel wurden Isa und ich aktive Mitglieder des Vereins Freiplatzaktion. Ich engagierte mich bei diesem Verein, denn es waren ja diese Leute, die uns bei unseren ersten Schritten in Basel unterstützt hatten.

Ich vermittelte gern und konnte mich mit beiden Seiten, den Tamilen und mittlerweile auch den Schweizern, verständigen. Ich machte einfach bei allen Aktivitäten mit und die Freiplatzaktion setzte mich schließlich, einen Tag pro Woche als Koordinator und Dolmetscher ein; ich wurde mit monatlich fünfhundert Franken entlöhnt.

Zu all diesen Tätigkeiten kam hinzu, dass mich bald nach unserer Ankunft in Basel die Asylbehörden von Basel und Bundesbern als Übersetzer engagierten, auch wenn mein Deutsch anfangs eher kläglich war. Aber es gab in den achtziger Jahren einfach nicht viele Tamilen, die überhaupt Deutsch verstanden.

Ich hatte durch diese Arbeit auch mit tamilischen Gefängnisinsassen zu tun und las deren Briefe im Auftrag der Gefängnisbehörden. Falls Textstellen die Verhandlung betrafen, musste ich die Behörde informieren. Privates war von der Zensur nicht betroffen, aber ich musste es natürlich trotzdem lesen.

Darunter war ein Brief einer Tamilin, die geflüchtet und mit ihren Kindern in Indien gestrandet war. Ihr Mann saß in Basel in Haft. Sie hatte keine Ahnung, wann er entlassen werde und sie schrieb ihm jedes Mal, sie habe kein Geld mehr für Essen und Kleider. Es war traurig. Ich sollte ja so tun als gingen diese Briefe mich nichts an, trotzdem notierte ich ihre Adresse, und ließ ihr in einem Couvert hundert Franken zukommen; ich fügte bei: „Wir kennen uns nicht, das ist nicht wichtig, ich erhielt einfach die Gelegenheit, ihnen zu helfen." Im nächsten Brief informierte sie ihren Mann, der Gefängnispfarrer habe ihr Geld geschickt und er solle ihm danken. Das war mir auch recht.

Als einmal ein verängstigter tamilischer Häftling ausgeschafft werden sollte, fanden die Polizisten, bevor sie ihn zum Flughafen brachten, in seiner Hosentasche eine Rasierklinge. Er wurde dazu ausgefragt und ich musste übersetzen: „Wenn ich nach Sri Lanka zurückmuss und dort verhaftet werde, schneide ich mich mit der Rasierklinge, um zu sterben." Die Klinge wurde entfernt und er wurde, als sei nichts vorgefallen, am Flugplatz abgeliefert und dann vergessen. Ich fühlte mich ohnmächtig. Als Übersetzer musste ich jedes Mal zeigen, dass ich völlig neutral war, sonst hätten meine Übersetzungen keinen Wert mehr gehabt.

Ein anderer Tamile wurde in Rheinfelden verhaftet, weil er Landsleuten geholfen hatte, von Deutschland in die Schweiz zu gelangen. Nach drei Tagen Haft rief man mich zu ihm. Die ganze Zeit hatte er in seiner Zelle ohne Tageslicht ausgeharrt und wusste nicht mehr, wie viele Tage schon vergangen waren. Er rauchte nur und aß nichts, sein Gesicht schien grau. Sogar die Polizisten hatten Angst und erkundigten sich, ob er einen Arzt brauche. Er wollte aber keinen und blieb so. Ich weiss nicht, was nachher mit ihm geschah, aber fragte mich einmal mehr, wie lange ich diese belastenden Begegnungen noch aushalten werde.

Einmal, mitten in der Nacht, läutete bei uns zuhause das Telefon. Die Polizei suchte mich dringend, um bei einer gerichtlichen Untersuchung in Birsfelden zu übersetzen. Dort war es zu einer furchtbaren Schießerei zwischen Tamilen gekommen. Einer starb auf der Stelle, ein anderer wurde schwer verletzt. Es passierte in einer von der Sozialhilfe finanzierten Wohnung, wo nur junge alleinstehende Tamilen lebten. Ich fuhr zum Polizeiposten, wo sie die Verdächtigen bis am nächsten Abend ununterbrochen befragten. Der wirkliche Täter wurde nie gefasst; der Schwerverletzte ist heute behindert, er kann fast nichts mehr selbständig machen. Ich übersetzte für ihn auch auf der Intensivstation, als die Ärzte ihm sagen mussten, dass er für immer behindert bleibe. Ich wusste, dass seine besorgten Verwandten nicht wollten, dass er es schon erfahre. Die Schweizer Ärzte und meine tamilischen Landsleute hatten diesbezüglich ganz andere Vorstellungen davon, was am besten für den Gelähmten sei. Ich saß wieder einmal zwischen Stuhl und Bank, tat wie mir geheißen und hielt die Tränen des Mannes irgendwie aus, als er seinen Zustand begriff. Alle diese Situationen taten mir weh. Es ging meist um junge Leute und sie hatten sich aus den verschiedensten Gründen selber Probleme geschaffen.

Für den Sozialpädagogischen Dienst übersetzte ich auch. Dort spielen Kinder unter Beobachtung und ihr Verhalten wurde von Experten dokumentiert. Bei einem anschließenden Treffen mit den Eltern erklärten ihnen dann die Sozialpädagogen, was ihnen beim Kind aufgefallen war. Das war für die betroffenen tamilischen Familien nicht immer einfach, schon weil ihnen in Basel vieles noch fremd war. Aber auch, da tamilische Kinder anders reagieren als Schweizer Kinder. Die Behörden hatten, als es erst wenige tamilische Familien in der Schweiz gab, kaum Erfahrung mit ihnen. So wusste einmal ein tamilisches Kind nicht, wie man das Besteck neben dem Teller anordnet, was umgehend als Entwicklungsrückstand interpretiert und notiert wurde. Das Kind hatte aber bis dahin immer mit den Händen gegessen, verhielt sich also völlig normal.

Ein anderes tamilisches Kind musste Bilder von Gegenständen und Tieren ordnen, welche ins Haus und außerhalb des Hauses gehören. Der Psychologe betonte, das Kind mache es falsch, als das Kind den Hund vor das Haus und nicht ins Haus setzte. In Sri Lanka dürfen aber Hunde nie ins Haus, im Gegensatz zu der Schweiz. Auch fiel den Psychologen auf, dass ein tamilisches Kind nicht wusste, wie man eine Schere benutzt. In Europa schneiden Kinder schon früh mit Scheren, es gibt ja auch Kinderscheren. In Sri Lanka dürfen Kinder Scheren nicht anrühren, diese Regel befolgen die Tamilen auch in der Schweiz. Dann sagten die Psychologen jeweils, das Kind habe eine feinmotorische Störung. Ich versuchte in solchen Fällen zu vermitteln, was natürlich nichts mit neutraler Übersetzung zu tun hat, aber im Moment eben gebraucht wurde.

Inzwischen hat der Sozialpädagogische Dienst natürlich seine Erfahrungen mit tamilischen Kindern gemacht und geht jetzt ganz anders mit ihnen um. Ich lernte auch viel während dieser Zeit, ich kannte dieses System der psychologischen Betreuung vorher nicht. Ich erfuhr so auch, dass es in der Schweiz Kleinklassen und ‚normale Klassen' gibt. Einige tamilische Eltern mochten ihre Kinder nicht in Kleinklassen schicken, denn für sie bedeutete dies, dass das Kind nicht normal sei. Sie kämpften in solchen Fällen gegen die Experten.

Ich haderte beim Übersetzen lange mit den Fachbegriffen; pädagogisch, Sprachtherapie, Sozialpädagogischer Dienst, die in der tamilischen Sprache überhaupt nicht vorkommen. Die tamilischen Eltern fassen diese Begriffe falsch auf und wehren sich. Sie dachten, man sage ihr Kind sei dumm oder verrückt. Schwierig war für mich auch, dass auf eine Frage, die Eltern weit ausholen und man am Ende ihre Aussage mit ja oder nein übersetzen konnte, was wiederum die Psychologen stutzig machte. Aber es war wirklich so. Bei Gericht ist es ähnlich. Die Menschen erzählen viel, weil sie Angst haben.

Durch meine vielen Kontakte mit tamilischen Flüchtlingen sah ich auch ihre ganz praktischen Probleme im Alltag. Zum Beispiel will heute jeder ein Auto, aber die Fahrausweise aus Sri Lanka sind nicht gültig in der Schweiz. Deshalb wiederholten viele Tamilen hier die Fahrprüfung, scheiterten aber wegen der Sprache an der Theorieprüfung. Andere machten die Prüfung zum ersten Mal. Ich begann also ein Buch für die theoretische Prüfung auf Tamilisch zu übersetzen, um es unter die Leute zu bringen. Ich löste jeweils am Bahnhof eine Tageskarte für die ganze Schweiz, setzte mich in den nächsten Zug, stieg um, wenn es nicht mehr weiter ging und übersetzte so den ganzen Tag ungestört von Familie und Bekannten. Mit dem letzten Bus fuhr ich jeweils todmüde nach Hause. Diese Zugfahrten machte ich viele Male. Ich kopierte das Buch in schwarz weiss und fertigte den Einband zuhause am Computer an. Nach der behördlichen Bewilligung machte ich Werbung, einfach indem ich allen davon erzählte, die ich kannte. Die sagten es weiter und ich verkaufte das Buch so in der ganzen Schweiz. Auch ein Tamile aus Lausanne erwarb ein Exemplar, fertigte weitere Kopien an und verkaufte die kopierten Bücher zum halben meines Preises. Ich ärgerte mich unsäglich und beschloss von jetzt an Farbkopien zu machen. Ein anderer kopierte darauf meine farbige Ausgabe und veröffentlichte ein ähnliches Buch. Die zweite Auflage ließ ich in Indien farbig drucken, was zwar sehr teuer war, aber von vielen gekauft wurde.

Zusätzlich habe ich viele Stunden meines Lebens mit der Übersetzung komplizierter administrativer Dokumente verbracht; in Gefängnissen, beim Gericht, beim Zoll, bei Polizeiposten, Kindergärten, Kinderheimen, beim Sozialpädagogischen Dienst und der Jugend-staatsanwaltschaft in verschiedenen Kantonen. Es war viel mehr als ein Job. Aber trotz meinen vielen Tätigkeiten in meinen ersten Jahren in Basel war mir bewusst, dass ich in den Köpfen anderer Tamilen und der Schweizer als Arbeitsloser dastand, zwar dauernd überbeschäftigt, aber ohne feste Stelle. »

12) Berufserfahrungen

Moorthy arbeitete weiterhin als Teilzeit Koordinator der Freiplatzaktion. Dies und seine Einkünfte aus den Kursen und als Dolmetscher, reichten aber nicht aus, das Existenzminimum der Familie Moorthy von zweitausendachthundert Franken zu decken, so dass die Differenz von der Fürsorgebehörde Pratteln ausgerichtet wurde. Obwohl Moorthy sich zudem in Informatik weiterbildete, schämte er sich, dass er keine feste Stelle hatte, wie sonst mittlerweile die meisten der tamilischen Migranten in Basel. Er verfasste fortlaufend Bewerbungen, Schweizer Freunde halfen ihm dabei.

Moorthy bewarb sich 1988 als Buchhalter bei der Spedag AG, erhielt aber die Stelle nicht, obwohl die Spedag AG Interesse an ihm zeigte. Denn das Arbeitsamt Basel-Landschaft lehnte das Gesuch der Spedag AG ab, ihn einstellen zu dürfen. Seine Begründung war, dass er wegen seines unsicheren Aufenthaltsstatus möglicherweise nicht lange beschäftigt werden könne. Deshalb sei eine Anlernzeit in der Firma nicht zu rechtfertigen.

Moorthy war enttäuscht, wie vielen Asylsuchenden verhinderte ihm sein Aufenthaltsstatus eine Anstellung. Er kannte zu Genüge die Kommentare der Zeitungen wie ‚Blick‘, welche über die arbeitsscheuen Tamilen berichteten, die am heiterhellen Tag, wenn die Schweizer Bürger arbeiteten, auf den Straßen und öffentlichen Plätzen müßig herumstehen würden. Der umtriebige Moorthy war ständig für verschiedenste Tätigkeiten unterwegs, aber es waren eben sogenannte Nebenbeschäftigungen, kaum entlöhnt und wenig anerkennt.

Die Situation der Aufenthaltsregelung der Tamilen in der

Schweiz war verzwickter als für andere Flüchtlinge. So erhielten die wenigen anerkannten Flüchtlinge eine Aufenthaltsbewilligung B, dies bedeutet, dass man als Angestellter jede Arbeitsstelle annehmen darf, die seiner Qualifikation entspricht. Tamilen, die auf den Asylentscheid warteten, was mehrere Jahre dauern konnte, oder deren Gesuch abgelehnt worden war und die aus humanitären Gründen trotzdem in der Schweiz bleiben konnten, bekamen einen Ausweis N ausgestellt. Sie waren somit auch nach vielen Jahren des Aufenthalts in der Schweiz nur vorläufig Aufgenommene und hatten es schwer, eine feste Stelle zu finden. Dass sie kaum je eine Aufenthaltserlaubnis B erhielten, hatte zumeist finanzielle Gründe, denn nur Antragsstellern, die finanziell unabhängig sind und in einem gesicherten Arbeitsverhältnis stehen, konnte der Status B gewährt werden. Die behördliche Katze biss sich also in den Schwanz.

Der Aufenthaltsstatus eines Tamilen hatte aber nicht nur Konsequenzen für den Zugang zu Arbeitsstellen, sondern bestimmte auch, ob ein tamilischer Mann seine Familie in die Schweiz holen konnte oder nicht. Vielen Tamilen wurde dies deshalb jahrelang verwehrt.

Und da Moorthy sich nicht auf eine Stelle mit Anlernzeit bewerben konnte, suchte er eine Anstellung, wo er schnell einsteigen und im Falle einer Ausschaffung ohne Probleme wieder aussteigen konnte. Deshalb bewarb er sich erfolgreich als Magaziner bei einem Do-it-yourself Laden, unbefriedigend für den früheren Hochschullehrer, aber wenigstens war es seine erste Vollzeitstelle in der Schweiz. Als Moorthy dort ein paar Monate ohne Begeisterung aber korrekt, gearbeitet hatte, fand Frau Sprecher, eine Bekannte aus Reinach, für ihn eine Stelle in einer Fischräucherei, in der Nähe der Schweizerhalle. Dort werde ein Informatiker gesucht, also eine Tätigkeit, die Moorthy wirklich lockte.

Deshalb gab er auch sofort seine Arbeit im Magazin auf. Die kleine Fischfabrik war gerade erst im Aufbau, aber Moorthy ließ sich dadurch nicht beeindrucken. Als sein neuer Vorgesetzter Moorthy anwies Fische einzupacken und Verpackungen zu etikettieren, tat er dies, zuversichtlich, dass er nach ein paar Tagen seine eigentliche Arbeit anfangen könne. Doch schließlich wurde ihm jeden Tag aufgetragen Fische zu häuten. Er roch auch immer nach Fisch, wenn er nach Hause kam. Isa war Vegetarierin und konnte den säuerlichen Geruch nicht ausstehen, weshalb sie sich öfters stritten. Mehrere Wochen vergingen so, ohne dass von Informatik jemals die Rede war. Moorthy harrte aus, aber schlussendlich gab sein Vorgesetzter ohne weitere Erklärungen zu, dass leider keine Informatikerstelle zur Verfügung stehe. Moorthy kündete enttäuscht nach zwei Monaten und meldete sich wieder auf dem Sozialamt von Pratteln. Die zuständige Frau Hobi hatte unter diesen Umständen Verständnis für die Kündigung und empfahl Moorthy sich weiterzubilden, damit er eine bessere Stelle fände. Er erhielt vom Sozialamt nur dreihundertneunzig Franken pro Monat, aber Frau Hobi motivierte und unterstützte Moorthy moralisch. Während den nächsten Monaten bildete sich Moorthy, auf Anraten von Frau Hobi, in Informatik weiter und bewarb sich ohne große Hoffnungen auf Stelleninserate.

13) Schwankender Boden

« Ich bin seit vier Jahren ein staatenloser Asylsuchender und nicht als Flüchtling anerkannt. Ich bin überzeugt, dass ich die Schweiz verlassen muss, aber ich weiss nicht wann, vielleicht morgen oder übermorgen, vielleicht nächste Woche, oder in einem Monat, vielleicht in zehn Jahren. Ich warte jeden Tag auf den Brief aus Bern.

Ich kam hierher nach Basel, weil ich Angst hatte vor der Armee in unserem Land. Dies war meine erste Angst. Später hatte ich Angst an der Schweizer Grenze, weil ich illegal einreisen musste. Ich hatte auch Angst vor der Fremdenpolizei in Basel. Auch sehr viel später ging es mir nicht gut, wenn ich diese aufsuchen musste.

Hier in der Schweiz, dachten wir Flüchtlinge, müssten wir keine Angst mehr haben. Doch wir täuschten uns. Wir wurden auch hier von Ängsten geplagt; im Tram, im Restaurant, im Warenhaus. Wir fürchteten uns vor der Rückschiebung und vor dem Unverständnis jener Schweizer, die Angst vor den Fremden haben. Wenn man kein Schweizerdeutsch spricht, fühlt man sich rasch unerwünscht. Wir mussten Angst vor dem ‚Blick' haben und auch vor anderen Zeitungen. Wenn etwas auf der Titelseite über Sri Lanka erschien oder im Fernseher, zeigten sie immer nur dunkelhäutige Leute, die auf der Straße herumlungern. Deswegen haben wir auch Angst im Tram oder Bus, uns zu weißen Leuten hin zu setzen. Wir wissen nicht, woher diese Leute kommen, ob jemand Schweizer, Franzose, Italiener oder Spanier ist. Aber ich sehe, sie sind weiss, ich bin dunkel, deswegen habe ich Angst.

Wie eine Katze suchen wir viele Freunde. Wenn ich

irgendwo hingehen möchte, will ich, dass einer meiner
Freunde mitgeht. Meine Frau konnte die ersten anderthalb
Jahre nicht einkaufen gehen, denn sie hatte immer Angst,
wenn sie die Wohnung verließ.

Zu dieser Zeit hatte die entwurzelte tamilische Gemeinschaft
keinen Ort außerhalb der Freiplatzaktion, um sich zu treffen.
In den engen und ringhörigen Wohnungen war es nicht
möglich, dass viele Freunde zusammenkommen. Den
einzigen Ort den es für uns gab, war ein improvisierter
Hindutempel im Keller des Migrosgebäudes, am
Burgfelderplatz in Basel. Ein Hindu-Priester führte dort für
die Gläubigen die religiösen Zeremonien durch. Der Tempel
war allerdings in einem tristen Kellerraum untergebracht.
Sonst gab es dort nichts, abgesehen davon, dass im gleichen
Gebäude Zimmer mit mehreren Betten zu Wucherpreisen an
Tamilen vermietet wurden.

Es tat mir gut mit Leuten in Kontakt zu sein. Das hatte
damals schon mit dem Mitenand-Fest angefangen, dem
jährlichen Migrantenfest der Kirchgemeinde Pratteln, für
welches Isa und ich jeweils an einem Stand tamilische
Gerichte verkauften. Dies taten wir schon kurz nach unserer
Ankunft in Pratteln. Wir kochten auch an anderen Festen.
Und Sujeetha führte bei solchen Gelegenheiten tamilische
Tänze auf. Wir waren bei den Tamilen und den Leuten,
welche Migranten halfen, bekannt dafür, dass wir bei allem
dabei waren, wenn es um die tamilische Kultur und
Integration ging, ich noch mehr als Isa, denn sie hatte ja die
Kinder. Ich war auch froh aus dem Haus und unter die Leute
zu kommen, denn ich war es von Jaffna her nicht gewohnt,
zuhause eingesperrt zu sein. Vor allem dachte ich auch
weniger an meine Probleme, wenn etwas los war. So
organisierte ich mit Hilfe von Bekannten in der Schweiz vier
Konzerte tamilischer Künstler aus Indien, dies im Rahmen
ihrer Europatourneen, die ein tamilischer Freund in Paris

koordinierte. Das waren berühmte Leute für die Tamilen, so zum Beispiel Seerkali Govindarajan, der im Gundeldinger Casino in Basel auftrat. Damals wusste ich nicht, dass dieser Musiker uns später bei unserer Ausreise aus der Schweiz nach Indien helfen würde.

In der Anfangszeit in Pratteln gaben mir auch verschiedene Nebentätigkeiten den nötigen Halt, um nicht zu resignieren. Ich galt bei den Schweizern deshalb als anpassungsfähig und gut integriert, aber ich fühlte mich hilflos in meiner provisorischen Heimat.

Ich spielte damals auch im Theaterstück „Flucht nach Jaffna" zum Thema Asyl mit, das zuerst an der Basler Diplommittelschule (DMS) gezeigt wurde. Der Lehrer Christian Pilgrim, den ich durch meine Tochter kennen lernte, hatte das Stück geschrieben. Er integrierte viele meiner Ideen. Es beschrieb wie Schweizer in Jaffna politisches Asyl suchen und dort mit den kulturellen und behördlichen Realitäten konfrontiert werden. Meine ganze Familie spielte zusammen mit den DMS-Schülern mit. Sujeetha tanzte am Ende des Stücks. Irgendwie wurde dieses Stück bekannt, erschien überall in Schweizer Zeitungen und wir führten es bei mehreren öffentlichen Anlässen auf. Kurz darauf drehte der Regisseur Safarik den Film ‚Das kalte Paradies', auch zur Asylthematik. Für die Rollen suchte er Asylsuchende und kontaktierte auch die Freiplatzaktion. Ich, Isa, die Kinder und sechs andere tamilische Männer erklärten sich bereit mitzuspielen; Safarik versprach uns dafür zwanzig Franken pro Tag. Ich war der Einzige, der ein paar Worte sagen durfte, und übte dafür etwa zwei Stunden das Wort ‚Rösti', was ja sogar schon für Deutsche eine Herausforderung ist und hatte immer noch Mühe damit. Ich musste im Film einem Sozialbeamten sagen, dass das Essen in der Schweiz gut sei, aber wir immer nur Rösti bekommen würden. Wir durften zusammen mit den anderen

Schauspielern an der Premiere teilnehmen. Das waren Situationen, wo ich mir sagte, dass ich durch mein Exil wenigstens etwas Besonderes erlebe. Ich sah, wie das Publikum über meinen Satz lachte. Wir waren stolz darauf, dass wir in einem Film spielen durften und in der Zeitung erschienen. Wir erhielten das versprochene Geld, für uns war es ein großer Betrag.

Wenn man mich voller Verachtung betrachtet oder beschimpft, kriecht in mir eine Angst hoch, die ich nicht spüre, wenn ich beschäftigt bin. Erst auf der Straße werde ich zum Flüchtling. Wenn ich nach Hause komme oder wenn ich mit dem Tram nach Hause fahren muss, bin ich Flüchtling, dann muss ich mich irgendwo in einer Ecke schützen. Ich gebe meiner Frau den Briefkastenschlüssel nicht, ich behalte ihn immer bei mir. Denn im Briefkasten lauert Post aus Bern oder aus Sri Lanka, in der häufig vom Tod oder Verschwinden eines Verwandten oder Bekannten die Rede ist. Wenn ich einen Brief aus Sri Lanka erhalte, lese ich ihn immer zuerst. Wenn er traurig ist, zeige ich ihn der Familie nicht. Ich kann diese Traurigkeit ein wenig schlucken, sie können es nicht. Ich will nicht, dass meine Kinder wissen, was passiert ist. Unsere Kinder gehen in die Schule. Sie haben Freunde, Schulkameraden, sie kommen am Abend nach Hause, sitzen vielleicht noch vor dem Fernseher und schlafen bis am Morgen. Dann gehen sie wieder und alle Probleme bleiben in meinem Kopf, die Schwierigkeiten mit der Sprache, der jeder Zeit möglichen Ausweisung, sowie der Besuch auf den Ämtern. Dazu kommen wegen dem Exil psychische Probleme und Heimweh. Ich kann es anderen Tamilen nicht erzählen. Denn wir haben alle dieselben Schwierigkeiten. Ich kann es den Schweizern nicht erzählen, weil sie keine Zeit haben. Sie haben auch ihre Familien und ihre Probleme. Wir haben Freunde und soziale Organisationen, welche uns helfen. Ihnen können wir unsere Probleme aber auch nicht erzählen. Denn sie machen schon genug für uns. So muss ich alles trinken wie Wasser und versuchen, es zu vergessen.

Über Bekannte trat ich 1988 in Kontakt mit den Leitern des ‚Radio Dreiländereck‘, einem beliebten Lokalradio, welches von Frankreich aus Sendungen in die Grenzregion Schweiz, Deutschland und Frankreich übertrug. Es war also geographisch etwas Besonderes und gefiel mir schon deswegen, und da auch in den beiden Nachbarländern tamilische Bekannte wohnten. Es war für mich auch die Gelegenheit mit der tamilischen Gemeinde in Basel, die auf einige tausend Tamilen angestiegen war, zu kommunizieren. Meine Sendung ‚Tamil Natham' war die zweite tamilische Radiosendung in der Schweiz, nach einem Radio in Zürich. Sie wurde einmal pro Woche für anderthalb Stunden angesetzt. Für uns war es ein Familienprojekt. Isa, ich und auch die Kinder beschäftigten sich die ganze Woche mit der Vorbereitung der Kassette, welche ich jeweils vor der Sendung ins Studio mitbrachte. Wir hatten nicht nur Zuhörer aus dem Grenzgebiet, sondern in der Schweiz auch bis nach Thun. Die Freiplatzaktion unterstützte mich bei der Vorbereitung, und wie so oft bei anderen Gelegenheiten, finanzierte ich die Aktion selber.

Zu dieser Zeit war in der Schweiz noch keine tamilische Zeitung erhältlich, Wir sendeten Nachrichten aus Sri Lanka. Und ich analysierte in der Sendung, was über uns Tamilen in den Schweizer-Zeitungen stand. Wir investierten vor allem viel Zeit in den Unterhaltungsteil mit Hörspielen, Lesungen, religiösen Hindu Liedern und in die Sendungen für Kinder. Wir recherchierten und mobilisierten unseren Bekanntenkreis, um die Sendungen vorzubereiten, und für die Aufnahme von Liedern und Hörspielen fragten wir tamilische Schüler an. Zuhörer der militanten tamilischen Gruppierungen verlangten aber von uns mehr politische Information, das heißt Propaganda für ihre Organisationen.

Darauf ging ich nicht ein. Kaum eine tamilische Familie wollte die Sendung verpassen. Jeder kannte sie, jeder kannte mich nun und täglich stauten sich mehrere Zuschriften von Hörern in unserem Briefkasten. Einmal, ich konnte es kaum glauben, schrieb mir ein Tamile, der mit mir in Jaffna studiert hatte und zu dem ich den Kontakt verloren hatte. Er wohnte in Mülhausen und fand mich wegen dieser Sendung wieder, das machte mich sehr glücklich.

Auch verbreitete ich ab 1990 in der Schweiz eine handschriftliche Zeitung auf Tamilisch. Ich schrieb, kopierte und verteilte den Text an Tamilen. Das mag ungewöhnlich erscheinen, aber es war bevor ich ein Computerprogramm für tamilische Schriftzeichen entwickelte. Dies gab es damals noch nicht. Meine Zeitung erschien unregelmäßig zu aktuellen Anlässen, zum Beispiel zur Verschärfung der Asylgesetzgebung 1990 oder wenn wir Tamilen wieder einmal von der Zeitung ‚Blick‘ als Faulpelze bezeichnet worden waren.

Ich selber hatte die tamilische EELANADU (‚Sri Lanka‘) Wochenzeitung abonniert, die ich vielen interessierten Bekannten in der Schweiz zum Lesen weiterreichte. Diese Zeitung aus Sri Lanka existiert heute nicht mehr. Tamilische Bekannte gründeten damals in Paris eine europäische EELANADU Zweigstelle, passten die Inhalte auf den französischen Kontext an und finanzierten sie mit lokalen Inseraten. Sie fragten mich an, eine Ausgabe für die Schweiz herauzugeben. So lancierte ich begeistert die Schweizer-Version von EELANADU. Ich investierte einen großen Teil meiner Freizeit für diese Wochenzeitung und hielt dies in all meinen Jahren in Pratteln durch. Anfangs verfasste ich viele Artikel selber; später beschränkte ich mich auf das Anwerben von Inserenten und das Verteilen der europäischen Ausgabe der Zeitung an die Abonnenten. Ich akzeptierte aber auch Gratis-Inserate für soziale Anliegen, Kontaktinserate für die

Suche nach einem Lebenspartner und anderes.

Ich lieferte die Zeitungen jede Woche zur Weiterverteilung selber nach Luzern, abends oder am Wochenende. Für andere Städte hatte ich zum Glück Kontaktpersonen, welche dies für mich übernahmen.

Auch mehrere Privatpersonen publizierten tamilische Zeitungen, welche aber auch alle nicht mehr existieren.

Durch meine Arbeit für EELANADU fand ich zwei meiner ältesten Freunde wieder. Einen hatte ich in Berlin 1985 aus den Augen verloren, den anderen schon ein paar Jahre früher. Diese Erfahrung brachte mich dazu, eine Spalte in der Zeitung einzuführen, in der die Leser Verwandte und Bekannte, zu denen sie den Kontakt verloren hatten, gratis suchen konnten. Die tamilische Diaspora nutzte diesen Dienst ausgiebig, denn nicht jeder kann ja zum Internationalen Roten Kreuz rennen, nur weil er durch den Bürgerkrieg den Kontakt zu einem Cousin oder Schulfreund verlor. Diese Spalte fiel später weg, nach dem verschiedene tamilische Radios in Europa entstanden, welche diese Aufgabe für die Flüchtlinge übernahmen, und dann das Internet.

Zusätzlich initiierte ich während dieser Zeit das Projekt ‚Ohm', zusammen mit unserem Familienfreund und Deutschlehrer Uwe Beissert. Wir sammelten Geld, um bedürftige Familien in Sri Lanka zu unterstützen. Beissert fuhr auf eigene Kosten nach Sri Lanka, kaufte Kühe und verschenkte sie an arme Familien in den Dörfern um Jaffna. Die Familien erhielten die Kühe unter der Bedingung, dass sie anderen bedürftigen Familien mit Kindern, Milch von diesen Kühen abgeben. Es gab sogar eine Kuh mit dem Namen von Ursula Hiss, einer engagierten Frau der Freiplatzaktion. Wir finanzierten auch Schulmaterial und Kleidung für die Kinder, und Fischerutensilien für Dörfer am Wasser. Für das Projekt produzierten wir handgemachte Glückwunschkarten und Kalender mit meinem Computerprogramm. Isa stellte Taschen mit dem Ohm-Symbol her, die wir zusammen mit tamilischem Essen an unsere Bekannten verkauften, anlässlich der ‚Ohm-Feste‘, die wir an verschiedenen Ortschaften in der Schweiz organisierten. Im Rahmen dieses Projekts übersetzten wir auch das Buch ‚Thirukkural' vom Autor Tiruvalluvar auf Deutsch, einer der wichtigsten Klassiker der tamilischen Literatur. Um die Ausgabe zweisprachig, Deutsch und Tamilisch herauszugeben, entwickelte ich ein eigenes Computerprogramm. Ich arbeitete zusammen mit Uwe Beissert und weil die Arbeit am Computer für ihn neu war, gab es Pannen und er wurde manchmal nervös; so war unsere Arbeit nicht einfach. Uwe Beissert brachte drei Jahre später, mit meiner Unterstützung, auch die Übersetzung Naladiyar, eines anderen tamilischen Standardwerks heraus. Für dieses zweite Buch im Rahmen der Ohm-Gruppe, investierten Beissert und ich zwanzigtausend Franken. Nach 1990 fiel die Ohm-Gruppe auseinander, da einige es müde waren, weiter zu machen.

Von allen Initiativen aus dieser Zeit, an denen ich beteiligt war, besteht nur die ‚Tamilische Schule‘ in Basel noch. Sie entstand zufällig aus Gesprächen mit tamilischen Bekannten. Wir wollten unseren Kindern in Basel helfen, richtig Tamilisch zu lernen. Denn sie sprachen zwar mit ihren Eltern einigermaßen gut ihre Muttersprache, konnten diese aber kaum schreiben und lesen. Unsere Sprache, die mit Schriftzeichen geschrieben wird, geht dadurch rasend schnell, schon innerhalb einer Generation, verloren. Man konnte es ja nirgends in Basel lernen. Schon kurz nach meiner Ankunft in Pratteln, als ich noch keine feste Arbeitsstelle hatte, boten Isa und ich Tamilisch Kurse bei uns zu Hause, für Gruppen von jeweils zehn Kindern an, zwei bis drei Mal die Woche. Immer mehr Eltern erkundigten sich nach den Kursen, so kam uns die Idee, eine Schule für die Kinder einzurichten. Wir beriefen ein Treffen von interessierten Eltern ein, bei einem Tamilen im Kleinbasel. Wir stellten gemeinsam fest, wie wichtig eine solche Schule für unsere Kinder war, dass wir von den Großeltern unserer Kinder nicht erwarten können, dass sie sich mit Deutsch abmühen, aber umgekehrt von den Kindern, dass sie Tamilisch lesen und schreiben lernen. Einer der Anwesenden fragte wie viel Geld die Schweizer für diese Schule geben würden. Es war ein ehemaliger Privatlehrer und er wurde der Präsident der ‚Tamilischen Schule', die wir 1992 eröffneten. Er wollte auch, dass seine Frau an der Schule arbeiten und ein Einkommen dafür erhalten solle. Doch als dies nicht ging, ließ sie sich nicht mehr blicken. Die Schule sollte jedoch keine Einnahmequelle für arbeitslose Lehrer sein, sondern möglichst vielen Kindern offenstehen, auch wenn wir das auf Freiwilligenbasis machen mussten.

Markus Knöpfli, damals Präsident der Freiplatzaktion, begeisterte sich für unsere Idee und die Freiplatzaktion war bereit, uns zu unterstützen. Dies war eine große Hilfe, damit unsere Initiative von den Baslern beachtet wurde. Auch hätten die Leute sonst gesagt, das ist wieder eines von Moorthys Privatprojekten, was vielleicht einige eifersüchtig gemacht hätte. Ich glaube wir waren die ersten, die in Europa eine solche Schule organisierten. Heute gibt es in vielen Städten solche Muttersprachkurse für Migrantenkinder, an freien Nachmittagen und an Samstagen. Auch die LTTE organisierte später ähnliche Kurse in ganz Europa.

Am Anfang stellten uns die Behörden zwei Container für den Unterricht zur Verfügung, im Pausenhof des Basler Sandgrubenschulhauses. Dieses Schulhaus wurde uns angeboten, da in der Umgebung viele Tamilenkinder wohnten. Es war sehr eng in den Containern und alle behielten im Winter die Jacken an und froren trotzdem. Isa und andere tamilische Frauen und Männer arbeiteten ehrenamtlich, viele von ihnen waren ehemalige Lehrer. Wir benutzten Lehrmittel aus Sri Lanka, mit der Zeit entwickelten wir aber eigene Unterlagen und später produzierten sogar die Basler Schulbehörden Lehrmittel für die verschiedenen Sprachkurse. Denn mittlerweile hatten sich Migranten aus anderen Kulturen nach unserem Beispiel organisiert und die Behörden wollten die Kurse koordinieren und professionalisieren.

Unsere Schulleitung setzte sich aus einer Vertretung der Freiplatzaktion Basel, mir und mehreren Lehrerinnen und Lehrern zusammen. Wir trafen uns regelmäßig zu Leitungssitzungen. Wir waren uns nicht immer einig, andere wollten immer Feste organisieren und dafür Geld sammeln, ich wollte mich auf den Schulbetrieb konzentrieren. Wir beschlossen aber, jedes Jahr ein großes Schulfest durchzuführen. Dieses organisierten wir in der Oekolampadkirche, wo die Klassen Tänze und Gesänge vorführten und die Schulzeugnisse vor den versammelten Eltern vergeben wurden. Die nüchtern ausgestattete Kirche war an diesen Nachmittagen jeweils bis auf den letzten Platz besetzt von schwatzenden Familien, Frauen in ihren besten Saris, die in vielen Farben leuchteten, und herausgeputzte Kinder rannten aufgeregt in den Gängen auf und ab, zwischen den bunten Dekorationen aus unserer Heimat. Aus Platzgründen mussten viele Familien stehend dem Programm folgen, das sich über mehrere Stunden hinzog. Es war immer eine sehr schöne Stimmung.

Vive, mein bester Freund aus Deutschland, besuchte einmal unsere ‚Tamilische Schule'. Er war beeindruckt und er eröffnete schon bald eine ähnliche Schule in Stuttgart. Diese Schule wurde von der LTTE übernommen, die heute ein europaweit organisiertes Schulnetzwerk führt. Jedes Jahr organisierte die LTTE eine europaweite Prüfung für diese tamilischen Sprachkurse. Wir hatten auch an unserer Schule Eltern, die wollten, dass ihr Kind daran teilnahm, obwohl wir unsere eigenen Prüfungen durchführten. Aber für diese Eltern war die LTTE-Prüfung wie ein offizieller Qualitätsausweis. Wir hatten unsere Schule mit einer kleinen Gruppe von Kindern begonnen, später waren es über hundertfünfzig Schüler. Das ist viel, wenn man bedenkt, dass die Kurse freiwillig sind und die Mütter zum Teil die ganze Stadt durchqueren mussten, damit ihr Kind während zwei Stunden den Kurs besuchen konnte. Die Mütter, die jeweils in der Schule auf ihre Kinder warteten, hatten keinen Ort zum Bleiben. Der Abwart schloss nur die Klassenzimmer auf, die wir für die Kurse benötigten, und die Mütter mussten in den kahlen Gängen und im Vorraum des Eingangs stehend warten, oder auf der Treppe sitzen. Das war nicht schon, vor allem im Winter war es sehr ungemütlich. Trotz allem schafften wir es, dass viele tamilische Kinder, welche praktisch mit dem Baseldeutsch aufgewachsen sind, doch noch ihre Muttersprache Tamilisch lesen und schreiben lernten. »

14) Beruflicher Aufstieg

Dass Moorthy zu seinem Arbeitgeber fand, bei dem er viele Jahre bleiben würde, hatte er einem tamilischen Fensterreiniger zu verdanken, der mit einem holländischen Angestellten der Sandoz ins Gespräch kam, als er durch das Fenster in sein Büro schaute, während er von außen die Scheibe putzte. Der Holländer erriet aus welchem Land der Mann kam; und suchte zufälligerweise jemanden, der ihm Tamilisch beibringen konnte, denn er hatte zwei Kinder aus Sri Lanka adoptiert. Der Fensterputzer dachte sogleich an den Lehrer Moorthy, einer seiner Bekannten. Moorthy übernahm diese Aufgabe gerne und unterrichtete Sjouke Zwanenburg während sechs Monaten in Tamilisch. Die beiden befreundeten sich und Moorthy traf durch Sjouke den Schweizer, Rudolf Bechert, der auch bei der Sandoz arbeitete. Beide halfen Moorthy seine Unterlagen, mit dem Lebenslauf und den Diplomen, in verschiedenen Sandoz Abteilungen zu unterbreiten.

Mittlerweile hatten die Behörden Moorthy einen besseren Aufenthaltsstatus gewährt. Er war aber dann doch überrascht, als man ihm im Januar 1989 einen auf ein Jahr befristeten Anstellungsvertrag anbot. Damals leitete Professor Jean-Louis Steimer bei der Sandoz eine Gruppe für Pharmakokinetik, der Studie der Reaktionen des Körpers auf Medikamente. Moorthy wurde in dieser Abteilung Informatiker, bildete sich weiter und begann für die Abteilung zu programmieren. Der Vertrag wurde um ein Jahr verlängert und Moorthy erhielt schließlich eine Festanstellung.

Moorthy hatte zum ersten Mal in der Schweiz eine Stelle, die seinen Fähigkeiten entsprach und auch genügend einbrachte, um seine Familie zu ernähren. Er erhielt oft Gelegenheiten, Konferenzen in der Schweiz und im Ausland zu besuchen. Bis zu seiner Pensionierung war er der einzige tamilische Informatiker bei der Firma Novartis in Basel, in welche die Sandoz 1996 überging.

Von dieser Stelle, an der Moorthy von 1989 bis 2011 arbeitete, wird im Weiteren nicht mehr die Rede sein. Obwohl er dort unzählige Stunden seines Lebens verbrachte und diese Arbeit sein Einkommen sicherte, fand Moorthy nicht viel darüber zu sagen, anderes beschäftigte ihn viel mehr.

15) Vorläufige Heimat

« Als ich überhaupt nicht mehr damit gerechnet hatte, erhielt unsere Familie plötzlich am 13. Juli 1990 die lang ersehnte Aufenthaltsbewilligung. Unser neuer Aufenthaltsstatus in der Schweiz hieß ‚Vorläufige Aufnahme'. Wir mussten unsere Beschwerde gegen den negativen Asylentscheid zurückziehen. Im Gegenzug wurde der Entscheid über unsere vorgesehene Ausweisung aus der Schweiz aufgehoben und wir konnten in Basel-Land bleiben. Fünf lange Jahre hatten wir auf diesen Brief gewartet.

Endlich, jetzt war Pratteln zu meiner Heimat geworden, wenn auch nicht geliebt, aber doch sicher. Wir hatten es geschafft. Viele andere Tamilen in der Schweiz verharrten weiter in der Warteschlaufe. Die Situation in Sri Lanka verbesserte sich hingegen keineswegs.

1991 nahm die Zahl meiner tamilischen Landsleute, die in der Schweiz Asyl suchten, stark zu. Und eine dritte Asylgesetzrevision brachte die Einrichtung des Bundesamts für Flüchtlinge. Nun wurden die Arbeitgeber gezwungen, sieben Prozent des Lohns der Asylsuchenden in ihrem Betrieb, auf ein Sicherheitskonto einzuzahlen. Wurde ein Asylsuchender ausgewiesen, verwendeten die Behörden dieses Geld, um vom Sozialamt bezogene Gelder und die Rückkehrkosten zurückzuzahlen. Mit dieser Rückzahlung gab es später große Probleme, da schon ein falsch ausgefülltes Formular genügte, um die Rückzahlung in Frage zu stellen, und auch, da nicht alle Arbeitgeber korrekt einzahlten.

Im gleichen Jahr beschlossen die Behörden es sei unzumutbar, Tamilen in das Kriegschaos zurückzuschicken. Gleichzeitig flüchteten, aufgrund der sich verschlimmernden

Kriegssituation, immer mehr Tamilen in die Schweiz. Ich traf jetzt oft auf alte Bekannte, welche aus Sri Lanka nachkamen, was mir natürlich guttat, andererseits auch bewies, dass die Situation in meiner Heimat immer schlimmer wurde. Ich wusste auch, was die hier ankommenden Tamilen erwartete und, dass sie kaum Chancen auf Asyl hatten.

Die Behörden registrierten die bisher höchste Zahl von über siebentausend tamilischen Asylgesuchen. Zwei Jahre später waren wir schon fünfundzwanzigtausend Tamilen in der Schweiz. Als erstes europäisches Land schloss die Schweiz ein Rückkehrer-Abkommen mit Sri Lanka. Gleichzeitig entschied der Bundesrat, dass die rund sechstausend Asylsuchenden, welche ihr Gesuch vor Juli 1990 eingereicht hatten, vorläufig bleiben können. Die Mehrheit derer, welche ihr Asylgesuch später einreichten, sollten im Falle eines negativen Asylentscheids in den Krieg zurückgeschickt werden. Innert weniger Tage wurden fünftausend Tamilen informiert, bis zu welchem Datum, und dieses sei nicht anfechtbar, sie die Schweiz zu verlassen hätten. Die Folgen waren verheerend. Die meisten tauchten in der Schweiz unter oder flüchteten über die grüne Grenze in die Nachbarländer, wo sie natürlich auch nicht willkommen waren. Die Schweiz gratulierte sich zur speditiven Abreise, die Nachbarländer beklagten sich und die Zahl der schwarzarbeitenden Taglöhner in der Schweiz stieg dramatisch an.

1994 wies das Bundesamt an, Asylgesuche, welche zwischen Juli 1990 und Ende 1992 gestellt worden waren, vorläufig nicht zu behandeln, da der Bürgerkrieg in Sri Lanka weitertobte. Bis im Jahr 2000 wurden dann tamilische Flüchtlinge nur noch in Einzelfällen heimgeschickt. In all diesen Jahren blieb die Schweiz für die meisten meiner tamilischen Brüder und Schwestern nur ein schwankender Boden.

Meine Familie hatte Glück gehabt, in unserer Tasche steckte

jetzt eine Aufenthaltsbewilligung, und dadurch fiel viel Druck von uns ab. Ich liebte meine Arbeit für EELANADU und Isa ihre Aufgabe an der ‚Tamilischen Schule'. Eigentlich sollte jetzt alles besser werden, aber wir kämpften auch mit unseren Familienproblemen. »

16) Zersplitterung

« In der tamilischen Kultur muss ein Mädchen einen tadellosen Ruf haben, damit es später heiraten kann. Ein junges Mädchen darf nur in Begleitung Verwandter ausgehen, denn tamilische Männer wollen keine Frau heiraten, die mit einem fremden Mann alleine zusammen gewesen war, sei es auch nur für ein Gespräch oder eine zufällige Begegnung auf der Straße. Auch eine verheiratete Frau geht nie alleine aus.

Anfangs waren wir nur wenige tamilische Familien in Basel, deren Töchter pubertierten, es waren höchstens vier oder fünf Mädchen. Wir erlaubten ihnen vieles nicht, was die Schweizer Mädchen durften. Und natürlich fingen unsere Töchter an, es versteckt zu machen. Das ist normal, aber für uns war es eine Katastrophe. Sujeetha wollte mit Schulkameradinnen an uns unbekannten Orten herumlungern, aber das kam für uns nicht in Frage, auch wollten wir nicht, dass sie westliche Kleider anzieht. Obwohl jede der tamilischen Familien unter der gleichen Situation litt, hatte niemand von uns den Mut, mit den anderen die Probleme anzusprechen. Alle Mädchen taten das gleiche und alle Familien behielten ihre Schwierigkeiten für sich.

Als Sujeetha noch klein war überschütteten die Sozialbehörden sie mit Lob. Der Sozialbericht über ihre Primarschulzeit, dieser wurde wegen unserem Asylstatus gefordert, hielt fest, dass sie fließend und akzentfrei Baseldeutsch spricht und problemlos Kontakt zu ihren Mitschülern und Kindern in der Nachbarschaft fand. Auch wurde lobend erwähnt, dass Sujeetha oft bei öffentlichen Veranstaltungen tamilische Tänze vorführte.

Als Sujeetha sechzehn Jahre alt war, kam sie einmal abends

zu spät nach Hause, fürchtete sich aber schon vor der
Haustür vor unserer Reaktion, rannte weg und übernachtete
bei ihrer Schweizer Freundin. Wir waren verrückt vor Angst
und suchten überall nach unserer Tochter. Die von uns
benachrichtigte Polizei fand schnell heraus, dass Sujeetha bei
dieser Freundin schlief. Am nächsten Tag klingelte eine Frau
der Vormundschaftsbehörde an unserer Tür, beauftragt, uns
Sujeetha wegzunehmen. Für uns war es das Ende der Welt.
Die Schul- und Sozialbehörden wollten uns helfen, aber wir
verstanden diese Hilfe als Bedrohung. Sie verstanden uns
nicht und wir verstanden sie nicht. Die Probleme hörten
nicht auf und plötzlich verkündete Sujeetha selber, sie ziehe
ins Jugendheim. Behörden und Sozialbeamte stellten sich
ganz auf ihre Seite, wollten unseren Widerstand nicht
verstehen und meinten: „Wenn sie das will, soll sie es
machen." Wir befanden uns in einem Land, wo es alles gab,
aber wir verstanden die Regeln nicht und wir waren hilflos.
Niemand wollte uns helfen, unsere Tochter zuhause zu
behalten. Wir schlossen daraus, es gibt keinen Weg, die
Kinder in diesem Land richtig zu erziehen, sie werden zu
einem verdorbenen Lebenswandel angestachelt, sie gehen
kaputt. Isa und ich weinten zuhause, hatten aber dann die
rettende Idee, um weitere Probleme mit Sujeetha zu
vermeiden, solle Isa mit den Kindern nach Indien
auswandern, und zwar so bald als möglich. Wir waren
überzeugt, es sei besser, wenn unsere Kinder in Tamil Nadu
aufwachsen, im tamilischen Teil Indiens und dort die Schule
besuchen, in einem Kulturkreis, der Sri Lanka ähnelt.

Seit wir in Pratteln wohnten reklamierten die Nachbarn
immer wieder, unsere Kinder seien zu lärmig, das waren wir
nicht gewohnt, wir fanden es kleinlich. Dies war auch mit ein
Grund, weshalb wir dachten, den Kindern sei es wohler in
unserem Kulturkreis. Wir wollten wegreisen und unsere
Wahl fiel auf Mauritius. Obwohl wir dieses Land überhaupt
nicht kannten, hatten wir von Pratteln aus schon einmal

versucht, mit der ganzen Familie nach Mauritius auszuwandern. Ich hatte einmal etwas darüber gelesen und wusste nur, dass es auch eine indische Kultur ist. Wir wollten uns einfach verstecken, aber gaben dann entmutigt den Plan auf, bevor er konkret wurde.

Der Sänger Seerkali Govindarajan, dessen Konzert ich in Basel organisiert hatte, versprach uns beim Wegzug der Familie nach Indien zu helfen. Ich selber hatte vor in Pratteln zu bleiben, damit ich arbeiten und Isa Geld schicken konnte.

Sujeetha war von vornherein gegen den Wegzug nach Indien, sie wolle nicht noch einmal verpflanzt werden, sagte sie lasse sich nichts vorschreiben. Mit den Söhnen, die ja auch jünger waren, hatten wir keine Probleme, wir informierten sie einfach über die bevorstehende Reise. Pratheeb beklagte sich aber manchmal über Bauchschmerzen, und erschien deshalb mehrmals nicht beim Unterricht. Einmal sagte unser Hausarzt: 'Pratheeb hat Bauchschmerzen weil ihr nach Indien wollt.' Damals verstanden wir nicht, was er meinte.

Die Visa beantragte ich bei der Indischen Botschaft in Bern. Diese durfte nur Touristenvisa für höchstens sechs Monate ausstellen. Für einen längeren Aufenthalt musste ich das Innenministerium in Indien anfragen. Ich buchte einen Flug nach Delhi und gelangte, dort angekommen, auf vielen Umwegen zum Büro des Innenministers. Dort fertigte mich allerdings ein Beamter ab mit den Worten: „Sie können Ihre Kinder in Sri Lanka oder wo sie wollen studieren lassen, für Indien aber bekommen sie kein Visum." Ich war wie erschlagen. Die schlechten Beziehungen zwischen Indien und der LTTE, nach dem Scheitern des sri-lankischen Friedensabkommen, an welchem Indien beteiligt gewesen war, erklärten wohl seine Haltung Trotzdem blieb ich noch in Delhi, da mir ein tamilischer Bekannter eine Kontaktperson vermittelte, angeblich mit guten Beziehungen zum Generalsekretär des Außenministeriums. Dieser organisierte mir anstandslos einen Termin für den nächsten Tag. Ich begab mich mit dem Taxi zum Ministerium, fuhr am Parlamentsgebäude vorbei mit Fahnen verschiedener Länder geschmückt, auch der Fahne Sri Lankas, und passierte verschiedene Kontrollstellen, durch welche man eigentlich nur mit Spezialbewilligung gelangen kann. Aber sie ließen mich durch. Ich hatte einfach Glück. Wenn sie mich gefragt und herausgefunden hätten, dass ich ein Tamile aus Sri Lanka bin, hätten sie mich womöglich als LTTE-Mitglied verdächtigt. Endlich gelangte ich zum Empfangsbüro und durfte den Assistenten des Generalsekretärs sprechen. Er war eine beeindruckende Persönlichkeit; er empfing mich in seinem Büro mit: „Was ist ihr Problem?" Ich sagte: „Mein Problem ist, dass ich ein Tamile aus Sri Lanka bin, das ist alles. Ich kann kein Visum bekommen, um meine Kinder in Indien studieren zu lassen." Darauf fragte er mich, welche Botschaft für mich zuständig sei. Ich gab die Indische Botschaft in der Schweiz an und er schloss das kurze Gespräch ab mit: „Ok, sie werden von uns hören." Wir würden das Visum erhalten. Ich war erleichtert, aber auch misstrauisch. Vielleicht wollte er mich einfach loswerden. Am nächsten Tag meldete sich die Indische Botschaft aus Bern in Pratteln bei meiner Frau und kündigte an, die Visa lägen für sie und die Kinder bereit.

Kurz nach meiner Rückkehr von Delhi nach Pratteln und der Abholung der Visa in Bern, flog Isa mit den drei Kindern nach Indien, um sich nach Wohnungs- und Schulmöglichkeiten umzusehen. Ihre Wahl fiel auf Kodaikanal, einer überschaubaren Stadt in den Palani Hügeln Tamil Nadus. Sie blieben einen ganzen Monat, um den bevorstehenden Umzug zu organisieren. Isa entschied sich für Kodaikanal wegen der guten Schule und dem milden Klima. Sie kamen noch einmal kurz zurück und packten ihre Sachen für den Wegzug nach Kodaikanal.

Obwohl wir diese Auswanderung wegen Sujeetha beschlossen hatten, weigerte sie sich im letzten Moment mitzureisen. Isa reiste also alleine mit den beiden Söhnen. Sujeetha war damals siebzehn Jahre alt, als sie beschloss, weder in Indien noch mit mir unter einem Dach zu wohnen. Sie wollte in ein Jugendheim. Die Gemeinde schlug Sujeetha ein Heim in Basel-Stadt vor. Zu dieser Zeit besuchte sie eine Hotelfachschule, brach diese Ausbildung aber nach wenigen Monaten ab.

Ich war nun allein im gemieteten Haus an der Längistraße, es war mir zu groß und zu teuer. Zum Glück konnte ich es untervermieten, an vier Alleinstehende und eine Familie. Ich selber zog in eine Wohnung, die ich in Reinach mit Hilfe meiner Ersparnisse in der Pensionskasse kaufte. Wir gingen davon aus, dass die ganze Familie später wieder in unserem Haus vereint sein werde.

Oft besuchte ich Sujeetha im Jugendheim. Dies war nicht einfach für mich, denn die Besuchszeiten waren streng geregelt und wir begegneten uns irgendwie wie Fremde. Wenn sich endlich ein Gespräch zwischen Sujeetha und mir entwickelte, wurde ich wegen dem Abendessen oder anderen Prioritäten schon wieder weggeschickt. Ich benötigte sogar einen Termin, um Sujeetha an ihrem achtzehnten Geburtstag zu sehen. Da sie nun volljährig war, teilten die Behörden uns mit: „Jetzt kann ihre Tochter machen, was sie will. Sie kann auch abends bis zweiundzwanzig Uhr ausgehen, aber solange sie im Jugendheim bleibt, müssen die Eltern für sie bezahlen." Für mich war diese Haltung unverständlich. Die Schweizer schienen uns immer zu sagen: „was die Eltern glauben ist falsch".

In dieser Zeit begann Sujeetha zu rauchen. Von jeder ihrer Taten glaubte ich, dass sie sich an uns für irgendetwas rächen wolle. Das machte mich wütend. Ich wollte mir Sujeethas Sichtweise nicht anhören; ich dachte, wir sind die Eltern, wir wissen, was gut ist für unser Kind, sie muss machen was wir wollen.

Einmal besuchte mich Sujeetha in der Reinacher Wohnung und teilte mir mit, dass sie ihren deutschen Freund heiraten wolle. Damals war sie zwanzig Jahre alt. Ich kannte diesen Freund überhaupt nicht und fragte: „Was soll ich darauf antworten?" Sie sagte: „Appa, Vater, mein Freund möchte Dich treffen und mit Dir reden." Die beiden kamen am nächsten Tag vorbei. Der junge Mann, fünf Jahre älter als sie, stellte sich vor und fragte mich, ob er meine Tochter heiraten dürfe. Ich hatte keine Erfahrung mit solchen Situationen. Sie finden in der tamilischen Kultur so nicht statt. Ehen wurden bei uns immer noch zwischen zwei Familien ausgehandelt, ein Mädchen suchte sich ihren Mann nicht selber aus. Ich erwiderte: „Es ist nett, dass du fragst, aber ich kenne dich nicht und im Moment fühle ich mich ganz leer. Ich weiss nicht, ob meine Antwort einen Wert hat, ich muss zuerst mit meiner Frau reden." Er antwortete: „Ich möchte Sujeetha gerne mit Eurem Einverständnis heiraten." Ich informierte Isa telefonisch, sie war außer sich. Sie hatte sich sehr gewünscht, dass unsere Tochter einen Tamilen heirate, war aber nicht grundsätzlich gegen diese Ehe. Sie ärgerte sich einfach, dass ihre Tochter alles allein entschied und uns vor vollendete Tatsachen stellte.

Ich hatte meiner Tochter schon von klein auf immer wieder versichert, sie dürfe jeden Mann heiraten, den sie wolle, solange er eine anständige Person sei. Ich wollte unser Kastensystem nicht durch meine Kinder fortsetzen. Für mich war diese Heirat kein großes Problem, der Mann war in Ordnung. Auch Isa erkannte, dass sie keine Macht hatte, ihrer Tochter diese Heirat zu verbieten. Sujeetha zog zu ihm nach Deutschland.

Isa und unsere Söhne waren immer noch in Kodaikanal. Die Familie war auseinandergerissen, ich ertrug diese traurige

Situation schlecht. Und Isa weinte viel in Indien. Mit den Söhnen hatten wir in der Schweiz keine Probleme gehabt, eigentlich hatten wir den Indienaufenthalt wegen Sujeetha erzwungen und unsere Trennung machte keinen Sinn, da unsere Tochter ja in der Schweiz geblieben war. Wir entschieden, dass Isa und die Söhne nach Pratteln zurückkommen sollten, dies war 1995.»

17) Fauler Friede

« Isa, Pratheeb und Shan kehrten aus dem indischen Kodaikanal nach Pratteln zurück an die Längistraße. Ich war erleichtert darüber, nicht mehr alleine herumzusitzen, aber meine Frau fiel zuerst in ein Loch. Für die Reise nach Indien hatte Isa den Unterricht bei der ‚Tamilischen Schule‘ aufgegeben. Nachdem sie, als eine der Mitbegründerinnen dieser Schule, dort erzählte hatte, dass sie für längere Zeit Basel verlasse, fiel der ‚Tamilischen Schule‘ nichts Besseres ein, als ihr zu künden. Das verletzte sie zutiefst, sie trug es lange mit sich herum. In Pratteln zurückgekehrt, war sie ohne Beschäftigung, fühlte sich zurückgewiesen und deprimiert, vor allem ertrug sie die vielen leeren Stunden allein zuhause nicht. Aus diesem Grund hatten wir viele Probleme. Ich kontaktierte mehrere Bekannte, auch Barbara Frei der Freiplatzaktion, um zu helfen, damit Isa wieder selbständig und glücklich werde. Langsam, nach ausgiebigen Gesprächen, ging es wieder bergauf für sie. Sie fand eine neue Tätigkeit. Isa eröffnete einen Treffpunkt für Tamilinnen, die wöchentlich mehrere Nachmittage das Angebot mit ihren Kindern in Anspruch nahmen. Isa organisierte verschiedene Freizeitaktivitäten und ein Zvieri. Meine Frau half sich selber indem sie anderen aus der Isolation half, das fand ich gut.

In der Schweiz hatte ich eine neue Form des Zusammenlebens kennengelernt, die Kleinfamilie, eine Einrichtung, die uns Mühe machte. Bei uns in Jaffna hatten meist noch andere Verwandte mit Isa, mir und den Kindern das Haus geteilt. Hier in Basel leben die Eltern mit ihren Kindern isoliert, oft bleibt die Frau am Tag allein zuhause. Für tamilische Frauen war dies besonders schwer, da sie nicht einfach mit einer Freundin und schon gar nicht alleine ausgehen wollten. Manche blieben vierundzwanzig Stunden am Tag zuhause wie in einem Käfig sitzen, abgesehen vom Einkaufen oder vielleicht einem Spaziergang mit den Kindern im Park. Viele der Tamilinnen fanden keine Anstellung oder ihr Mann verbot überhaupt, dass sie arbeiteten. Durch ihre spärlichen Kontakte lernten diese Frauen nur wenige Brocken Deutsch, und noch weniger Schweizerdeutsch, was sie wiederum noch mehr in die Isolation trieb. Die einzige Rettung für die meisten war tagsüber das Satellitenfernsehen mit seinem Angebot aus tamilischen Sendungen; und bevor es dieses gab, waren es die romantischen tamilischen Filme, geliehene Videokassetten, welche den ganzen Tag in den Wohnungen liefen und bei unseren Leuten sehr beliebt sind.

Wir kannten in Sri Lanka die psychischen Krankheiten vom Namen her wenig, aber ich glaube viele dieser tamilischen Frauen wurden in Europa depressiv. Ihre Kinder integrierten sich oft rasch in Basel, vor allem wenn sie hier geboren waren, sie redeten Baseldeutsch und interessierten sich für die gleichen Freizeitaktivitäten wie die Schweizer Kinder. Sie hatten Zugang zu einer Welt, die ihren Müttern versagt blieb.

Die erdrückende Einsamkeit wirkte sich auch auf unsere Ehen aus. Aber unsere Kultur verlangt, dass wir Konflikte zwischen Ehepartnern verstecken. Wir sind nicht wie die Schweizer, die sich reihenweise scheiden lassen. Wir verurteilten dies und täuschten vor, bei uns stehe alles zum Besten. Das Leben in der Fremde schweißte die einen Paare zusammen, andere brachte es auseinander. Isa und ich hatten unsere Probleme, aber wir redeten nicht mit anderen darüber.

Manche Kinder und Jugendlichen hatten zum Teil auch ihre Integrationsprobleme oder einfach Probleme, es ging ja nicht immer um die tamilische Identität.

Wir hatten zum Glück keine größeren Schwierigkeiten mit

unseren heranwachsenden Söhnen. Pratheeb, das ruhigste unserer Kinder, nahm sich in der Pubertät nie Freiheiten heraus, außer der, dass er mit seinen Schweizer Freunden rauchte, was uns aber sehr beunruhigte. Einerseits kannten wir das in diesem Alter in Sri Lanka nicht, andererseits war es einfach zu früh, auch für einen Schweizer, finde ich. Auch schwänzte er manchmal die Schule, schaffte sie aber schlussendlich trotzdem. Er hatte Freunde, Migranten, ich würde sagen von überall her, außer aus Sri Lanka. Auch Shan hatte kein Bedürfnis unsere Traditionen kennen zu lernen. Durch ihn begriff ich, wie schnell unsere Kinder die tamilische Kultur verlieren. Dies ist einer der Gründe, weshalb tamilische Migranten oft erzwingen wollen, dass ihre Kinder die tamilischen Gebräuche und Werte respektieren, vielfach sind sie strenger als Eltern in Sri Lanka. Im Exil wird man sich seinen Wurzeln viel mehr bewusst. Allerdings, persönlich machte ich mir immer weniger Sorgen darüber als andere tamilische Eltern. Doch die tamilische Sprache weiterzugeben, das blieb mir immer ein Anliegen, und das tamilische Essen.

In Pratteln unterhielten wir uns in der Familie immer nur auf Tamilisch, aber ich bekam natürlich mit, dass unsere Kinder miteinander Baseldeutsch sprachen. Ich verlangte, dass wir ein ganzes Gespräch immer in der gleichen Sprache führen. Wir hätten uns auch auf Deutsch oder Englisch unterhalten können, aber die Sprachen zu vermischen fand ich schlecht. Andere Tamilen empfinden mein Tamilisch als ein bisschen komisch, zum Beispiel wenn sie über Schnee reden, sagen sie das auf Deutsch, weil es für sie hierher gehört; ich sage es auf Tamilisch.

Auch wenn unsere Kinder mich auf Deutsch ansprachen, das taten sie zum Beispiel, wenn wir mit Schweizern zusammen waren, sagten sie mir immer ‚Du‘, was in der Schweiz völlig normal ist, in der tamilischen Sprache aber sagen die Kinder den Eltern 'Sie', aus Respekt. Das ‚Du' irritierte mich sehr lange.

Unsere Kinder spielten viel am Computer, andere Hobbies hatten sie kaum, bis Pratheeb in eine Hip-Hop Band eintrat. Er hat gerne Leute um sich und interessierte sich später immer mehr für soziale Aktivitäten.

Shan, der in Basel keine tamilischen Freunde hatte, chattete auf verschiedenen tamilischen Internetseiten und lernte auf diese Weise viele Jugendliche kennen, überall in Europa und Nordamerika. Manchmal fand er so frühere Schulkameraden oder Nachbarn aus Sri Lanka wieder. Auf diesen Internetseiten gab es Kontaktbörsen, Heiratsvermittlungen und auch Auftritte politischer Bewegungen, die wichtigste war die LTTE. Meine Kinder interessierten sich aber nie besonders für Sri Lanka. Es war eine fremde Welt für sie aus der vor allem schlechte Nachrichten kamen.

Als ich 1995 Vize-Präsident der Freiplatzaktion wurde, übernahm ich gegenüber den Tamilen in Basel eine Position, die politische Unabhängigkeit verlangte. Ich unterstützte immer diejenigen tamilischen Aktivitäten, die nichts mit politischen Interessen zu tun hatten

Aber vor allem die LTTE versuchte ständig, durch alle möglichen Freizeitangebote für Erwachsene und Kinder, Sympathien für ihren Kampf zu gewinnen, und damit gleichzeitig Spendengelder für ihre Kriegskasse einzunehmen. Viele tamilische Familien nahmen ihre Kinder von klein auf zu solchen Veranstaltungen mit und gewöhnten sie so an die LTTE. Dies tat ich bewusst nicht. Für unsere Kinder war die Schweizer Kultur eine Selbstverständlichkeit.

Ich trug nicht nur die Bürde des Exils, als Tamile war ich auch für meine jüngeren Brüder, Schwestern, meine Nichten und Neffen verantwortlich. Sie sind irgendwie auch meine Kinder, und waren es umso mehr, da ich mich ins Ausland gerettet hatte. Für sie lebte ich im Paradies. Ich musste auch für die sechs Kinder meiner tödlich verunfallten Schwester Verantwortung übernehmen. Wenn sie zum Beispiel die Schule wechselten, schrieben sie mir: „Darf ich dorthin gehen?", oder: „Was soll ich lernen?"

Ich schlug meinem Bruder Murali vor, er solle in Colombo oder in Indien studieren. Murali reiste nach Colombo, ich überwies ihm monatlich Geld und wiederholte immer wieder, dass ich ihn bis zum Ende seines Studiums unterstütze, danach könne er machen was er wolle. Er dürfe mich aber nie anfragen, ihm eine Reise nach Europa zu finanzieren und dafür das Studium abbrechen. Er tat aber genau dies und versuchte mit Hilfe meiner Schwester, nach Deutschland zu gelangen. Er flüchtete über Indien nach Italien, dann nach Paris, wo er am Flughafen verhaftet wurde, zusammen mit seinem Schlepper. Er rief mich verzweifelt an und wollte mich überreden, fünftausend Franken für den Anwalt zu bezahlen, damit er aus der Haft entlassen werde. Ich war maßlos enttäuscht und schrie ihn an, ich könne und wolle ihm nicht helfen. Er wurde nach Sri Lanka zurückgeschickt.

Einmal telefonierte mir ein Freund meines Neffen Ragulan aus Bombay. Er sagte, mein Neffe sitze dort im Gefängnis, man müsse den Beamten Schmiergeld zahlen, damit er ohne Verhandlung entlassen werde. Ich fragte: „Wieso ist Ragulan im Gefängnis?" „Er verkaufte gefälschte Reisevisas." Ich beschloss ihm kein Geld zu schicken, da es ja einen guten Grund für seine Verhaftung gab. Solche Dummheiten ärgerten mich umso mehr, da meine Verwandten ganz selbstverständlich annahmen, dass ich alles ausbügeln werde.

Gleichzeitig half ich Freunden und Bekannten. Ein muslimischer Freund in Sri Lanka überließ seine Frau und

Kinder an einen Gläubiger als Pfand, da er seine Schulden nicht zurückbezahlen konnte. Ich schickte ihm fünftausend Franken, damit er sie zurückhole. Dass ich in solchen Fällen helfen konnte, tat mir selber gut. Ein andermal schrieben mir Bekannte aus Sri Lanka, dass ein Junge, nach einem Fahrradunfall seine Hoden operieren müsse und dafür Geld brauche. Dies war kurz nachdem ich meine erste Arbeitsstelle antrat und selber nicht viel Geld hatte. Ich sammelte Geld bei Schweizer Freunden und wir konnten tausendfünfhundert Franken schicken, für die erfolgreiche Operation, wie wir später vernahmen.

Ich erhielt aber auch immer wieder Briefe, in denen Familien um Geld für eine Mitgift baten, um ihre Töchter zu verheiraten, eine unserer Traditionen, die ich aus Prinzip ablehne. In einem Brief stand: „Lieber Moorthy, vielleicht kennst du mich nicht mehr, ich bin eine deiner Cousinen". Natürlich habe ich hunderte von Cousinen, alle sind ja fast verwandt in Sri Lanka. Sie schrieb, sie habe meine Adresse von Verwandten erhalten, sie wolle heiraten, habe 60 000 Rupien zusammen, doch es fehle noch viel und ob ich ihr den Rest ausleihe. Ich schrieb nicht einmal zurück, es tat mir eigentlich weh, dass Leute, die nicht viel zu essen haben, bereit sind 300 000 Rupien, damals rund zehntausend Franken, für eine Mitgift auszugeben; auch, dass tamilische Familien sogar in der Schweiz für ihre Söhne eine Mitgift erwarten. Früher war die Mitgift ein symbolischer Wert, heute ist es ein Geschäft. Ich hatte auch nie vor für Sujeetha eine Mitgift zu bezahlen oder aus der Heirat meiner Söhne Gewinn zu schlagen.

Meine jüngste Schwester Jamuna schrieb mir einmal: „Bruder, es ist schwierig hier zu leben. Könntest du mich nicht in die Schweiz holen?" Nach langer Zeit war dies ihr erster Brief. Ich antwortete, sie solle nach Colombo reisen, ich würde dort jemanden organisieren, der ihr helfe auszureisen. Gleichzeitig fuhr mein tamilischer Freund Bala nach Colombo und traf dort meine Schwester. Auch er bat mich per Brief um Hilfe. Ich musste also zwei Reisen finanzieren, war aber froh, dass meine Schwester einen Begleiter für die Reise über Indien und Deutschland in die Schweiz hatte. Denn für Frauen sind solche Reisen gefährlicher als für Männer. Als meine Schwester in der Schweiz eintraf, begriff ich, dass sie in Wirklichkeit nie einen Brief an mich geschrieben hatte. Meine Mutter hatte diesen aufgesetzt und als meine Schwester unterschrieben. Denn sie hatte Angst um das Leben ihrer Tochter. Ich konnte es meiner Mutter nicht verübeln, sie hatte schon mehrere ihrer Kinder im Krieg verloren. Nach zwei Jahren konnte ich für Jamuna eine Heirat mit einem Tamilen in Deutschland organisieren.

Oft wünschte ich mich trotz meines abgesicherten Lebens nach Sri Lanka zurück. Die Kinder brauchten mich jetzt weniger und ich hatte irgendwie in Basel alles gesehen, was es zu entdecken gab; hatte an vielen Aktivitäten teilgenommen und andere initiiert. Ich war müde, aber die Kriegssituation in meinem Land blieb katastrophal. Im Dezember 1999 verlor die sri-lankische Präsidentin Kumaratunga bei einem Bombenanschlag der LTTE ein Auge. Dies entfesselte den Krieg auf beiden Seiten von neuem mit voller Wucht.

Manchmal beruhigte ich mich mit dem Gedanken, dass wir wenigstens noch unser Haus, unser Heim in Nallur haben, wo wir vor unserer Flucht in die Schweiz gelebt hatten und wohin wir zurückkehren würden. Das Haus stand leer, jedenfalls gab es keine offiziellen Mieter. Es war ein Schock, als ich erfuhr, dass es nicht mehr existierte. Ein Tamile, der auch in Basel wohnte, zeigte mir, zurück von einer Reise nach Sri Lanka, ein Foto von unserem zerstörten Haus. Wann und warum dies geschah, fand ich nie heraus.

Kumaratunga gewann erneut die Präsidentschaftswahlen. Die Gräueltaten an der tamilischen Bevölkerung nahmen erneut zu. Die LTTE lancierte mehrere Großoffensiven und eroberte den strategisch wichtigen Elephantpass, eine Landenge, welche das singhalesische Gebiet mit der Halbinsel Jaffna verbindet. Dies war eine Katastrophe für die Armee und das singhalesische Selbstbewusstsein.

Mittlerweile hatte ein großer Teil der tamilischen Familien in Basel eine Satellitenschüssel auf dem Dach oder der Terrasse installiert und verfolgte fast ununterbrochen die Ereignisse in Sri Lanka auf verschiedenen internationalen Fernsehstationen.

Die jungen Tamilen lasen täglich die Berichte der LTTE und anderer militanter Gruppen auf den tamilischen Internetseiten. Manchmal waren wir in Basel besser informiert als unsere tamilischen Landsleute, die in Sri Lanka zeitweise von jeglicher Kommunikation mit der Außenwelt abgeschnitten waren.

Im Mai 2000 erreichte die LTTE Jaffna und kämpfte um die südlichen Stadtteile. Viele meiner tamilischen Bekannten in der Schweiz feierten dies schon, doch die Armee konnte Jaffna halten, verlor aber dabei Hunderte von Soldaten. Verzweifelt rief die sri-lankische Regierung die internationale Gemeinschaft um Hilfe an. Indien anerbot sich die singhalesischen Truppen aus dem Norden des Landes zu evakuieren. Israel, China, Pakistan, Russland und die USA lieferten Waffen an die Regierung.

Der Bundesrat beschloss im Rahmen einer ‚Humanitären Aktion' eine Aufnahmebewilligung für alle sri-lankischen Flüchtlinge, die vor 1993 in die Schweiz eingereist waren. Im Januar 2001 erklärte die gestärkte LTTE einen einseitigen Waffenstillstand. Es wurde vorübergehend ruhiger in Sri Lanka.

Das Bundesamt für Flüchtlinge initiierte darauf das Projekt der freiwilligen Rückkehr. Ab 2001 sollten rund tausend Menschen nach Sri Lanka zurückkehren. Die Rückkehrer würden zweitausend Franken als Motivation und Startgeld erhalten. Ein Angestellter der Schweizer Botschaft überreichte das Geld den Heimkehrern bei der Ankunft am Flughafen Colombo. Es hieß, im Falle von Problemen könne sich der Rückkehrer an eine Menschenrechtsorganisation wenden. Es sei denn, er sei vorher verhaftet worden.

Für mich kam das Angebot nicht in Frage, denn ich traute dem Frieden nicht. Auch wollte ich keinesfalls die Schul- und Berufsausbildung meiner Kinder aufs Spiel setzen. Nichts war in Sri Lanka voraussehbar, außerdem war Jaffna ja nicht befriedetes Gebiet.

Der Lohnabzug für das Sicherheitskonto der Asylsuchenden in der Schweiz wurde von sieben auf zehn Prozent erhöht, alles im Hinblick auf eine baldige Heimkehr.

Ein Überraschungsangriff der LTTE auf Colombos Flughafen Katunayake im Juli 2001 beendete die scheinbare Idylle. Dieser war so spektakulär, dass sogar das Schweizer Fernsehen darüber berichtete. Vorher hatte unser Krieg die europäischen Medien schon lange nicht mehr interessiert. Schockiert sah ich im Fernseher vier brennende Air Lanka Flugzeuge, die Hälfte der sri-lankischen Flotte. Auch mehrere Kampfflugzeuge wurden zerstört.

Dann brachten die Parlamentswahlen in Colombo im Dezember 2001 eine politische Wende. Sri Lanka setzte nun auf Verhandlungen. Die neue Regierung sah ein, dass der Kampf gegen die LTTE militärisch nicht zu gewinnen war. Im Februar 2002 wurde, durch Vermittlung der norwegischen Regierung, ein Waffenstillstandsabkommen unterzeichnet. Innerhalb eines Jahres kam es zu mehreren Friedensrunden in Thailand, Oslo und Berlin. Der LTTE-

Führer Prabhakaran rückte von der Forderung eines unabhängigen Staates ab. Gemeinsame Ausschüsse für den Wiederaufbau und humanitäre Angelegenheiten wurden beschlossen, die Wiederansiedlung von Vertriebenen wurde debattiert. Die gegnerischen Parteien einigten sich auf die Formel ‚Interne Selbstbestimmung (für Tamilen) in einer föderalen Struktur in einem geeinten Sri Lanka'. Dies weckte große Hoffnungen bei den Tamilen, da viele von uns nie wirklich an einen überlebensfähigen tamilischen Zwergstaat auf der sri-lankischen Insel geglaubt hatten. Sri Lanka suchte nach geeigneten Modellen für dieses tamilische Gebiet, deshalb reisten mehrmals LTTE-Delegationen in die Schweiz, um ihr föderalistisches System zu studieren. Dann wurde eine Geberkonferenz mit neununddreißig Ländern organisiert, welche wirtschaftliche Unterstützung zusagten.

Was für uns während zwanzig Jahren undenkbar gewesen war, wurde plötzlich möglich: ein Besuch in Sri Lanka. Zuerst wagten sich einzelne Tamilen und schon bald ganze Familien, die in Europa lebten, in ihren Ferien nach Sri Lanka. Hunderte von Tamilen und Tamilinnen, seit Jahren von ihren Verwandten getrennt, unternahmen diese Reisen zu Eltern und Kindern, Ehefrauen und Männern, Brüdern und Schwestern, sahen Enkelkinder zum ersten Mal, trafen Verwandte und Freunde, gealtert, manchmal verwundet, physisch und seelisch oder behindert. In vielen Fällen gab es nur noch ein Grab zu besuchen. Es war eine aufregende Zeit, auch wenn ich keineswegs vorhatte, es ihnen nach zu machen. Aber viele Bekannte zeigten mir nach der Rückkehr ihre Ferienfotos und berichteten über gemeinsame Verwandte und Freunde in Sri Lanka.

Ich hätte keinem geglaubt, der mir vorausgesagt hätte, dass ich noch im gleichen Jahr den Kriegsherrn Prabhakaran der LTTE an seinem Hauptsitz Kilinochi in Sri Lanka aufsuchen würde, um meinen Kopf zu retten. »

18) Schiffbruch in Little Jaffna

« Dann hatten meine Freunde und ich eine geniale Idee, welche uns allerdings an den Rand einer Katastrophe brachte, und einem von uns die Existenz zerstören würde.

Unsere Gruppe, welche die europäische Ausgabe von EELANADU gegründet hatte, erkundete Gelegenheiten, die tamilische Diaspora aus unserer Sicht über die Ereignisse in Sri Lanka zu informieren. Wir suchten aber auch nach Wegen, unsere kulturelle Identität zu bewahren. Die Gefahr war ja durchaus real, dass unsere Kinder unsere Bräuche und Geschichte im Handumdrehen vergessen und einfach zu dunkelhäutigen Europäern würden.

Deshalb initiierten wir 1997 das erste tamilische Satellitenradio in Europa. Wir wollten das Radio über Empfangsgebühren finanzieren. Unsere Gruppe, das waren Tamilen von denen vier in Frankreich lebten, einer in Deutschland, zwei in England und ich in Pratteln. Wir lancierten das Radio mit Begeisterung, als wenige Monate später Tamilen in London ein weiteres Satellitenradio in die Welt setzten. Sie sendeten allerdings gratis und finanzierten ihr Radio durch Inserate von Geschäftsleuten. Diese, für die Hörer natürlich attraktivere Idee, hatten wir verworfen, da sie uns unrealistisch erschien. Nun gerieten wir durch die unerwartete Konkurrenz plötzlich unter Druck. Mangels Drittfinanzierung war es uns nicht möglich, den Radioempfang gratis anzubieten, wir konnten nicht einfach umstellen. Andererseits mussten wir schnell handeln, um das Unternehmen zu retten. Einer von uns kam auf die Idee, vom Radio auf das Fernsehgeschäft umzusteigen. Kurzentschlossen gründeten wir die erste tamilische Satelliten-Fernsehstation in Europa, wir waren also wieder

einen Schritt voraus. Das Fernsehstudio siedelten wir in
‚Little Jaffna' in Paris an, wo sich die tamilische Gemeinde
hinter dem Gare du Nord auf ein paar Straßenzügen ein
eigenes Quartier geschaffen hatte. Tamilische Läden und
winzige Restaurants reihten sich aneinander,
Lebensmittelgeschäfte vollgestopft mit unseren Gemüsen,
Gewürzen und Reissäcken, die bis auf die Straße hinaus
gestapelt waren, Reisebüros mit Billigst-Flügen nach Sri
Lanka, Schmuckgeschäften und Kleiderläden mit der
buntesten Auswahl an Saris.

Ich liebte die Wochenenden in Little Jaffna und im
Fernsehstudio, wo wir die Sendungen aufnahmen.
Medienarbeit war mir ja schon vertraut, und natürlich waren
auch meine Informatik-Kenntnisse nützlich für unser
Unternehmen. Nach der Arbeit im Studio tauchte ich jeweils
in das tamilische Leben ein und fühlte mich dort ein wenig
wie zuhause, zum Beispiel wenn ich in ein Geschäft eintrat
und dort nur Tamilisch gesprochen wurde. Manchmal
verirrten sich Pariser in unsere, für sie exotische Welt, einige
davon Curryliebhaber, die unsere Gewürze bevorzugten. Im
Winter ähnelte das Straßenbild den anderen Quartieren. Es
fehlten die leuchtenden Kleider der Tamilinnen. In der kalten
Zeit waren auch in Little Jaffna alle in schwarze oder braune
Mäntel gehüllt, wie wir das von den Europäern gelernt
haben. Die Türen der Läden und Restaurants blieben dann
geschlossen, die Gerüche und die Gespräche der redseligen
Tamilen eingesperrt in den Häusern.

Aber es war jedenfalls eine besondere Zeit in meinem
europäischen Leben, in der ich mit meinem
Emigrantenschicksal fast versöhnt war. Das Aufbauen des
Satellitenfernsehens kostete uns allerdings unsere gesamten
Ersparnisse und schließlich zwangen uns die Umstände,
dafür Geld aufzunehmen. Ich setzte alle meine vorhandenen
Reserven ein und nahm zudem Darlehen bei anderen

Tamilen auf. Ich investierte große Summen, zu dieser Zeit verdiente ich schon gut bei der Novartis.

Von tamilischen Bekannten lieh ich insgesamt zweihunderttausend Schweizer Franken. Meine Kollegen steuerten ähnliche Summen bei. Es war ein Kinderspiel Geld bei tamilischen Migranten zu leihen. Dies, da der Zinssatz sehr hoch ist und der Schuldner jeweils nur die Zinsen bezahlen darf, und keine Raten, bis zu dem Tag, an dem er die gesamte geschuldete Summe zurückbezahlen kann. Der Kreditgeber spekuliert natürlich darauf, dass der Schuldner möglichst lange nicht in der Lage ist, den Gesamtbetrag zurückzuzahlen. Je schlechter der Schuldner organisiert ist, desto länger zahlt er Zinsen, auch wenn er die sechsunddreißig Prozent schon längst überschritten hat. Ich war mit diesem Wuchersystem nie einverstanden. Durch meine Arbeit für die Freiplatzaktion verfolgte ich oft genug, wie sich Tamilen durch solche Kredite in hoffnungslose Situationen verstrickten. Andererseits liehen uns die Tamilen Geld für alles, egal was es war, bei den Banken war es viel schwieriger einen Kredit zu erbetteln.

Wir brauchten immer wieder von neuem Geld, denn wir hatten wohl nicht alle Investitionen vorausgesehen und ich bürdete mir immer neue Kredite auf. Ich weigerte mich, auf halber Strecke stehen zu bleiben. Je mehr ich investierte, je mehr hätte ich es bereut, aufzugeben. Ich war davon überzeugt, dass die Fernsehstation ein Erfolg werde. Nicht alle wagten allerdings wie ich, ihr gesamtes Hab und Gut zu investieren und gaben nach einem ersten Beitrag nichts mehr.

Unser Unternehmen entwickelte sich erfreulich, nach ein paar Monaten zählten wir schon fünftausend Abonnenten. Damit waren die Betriebskosten abgedeckt und es fiel sogar ein bescheidener Gewinn ab. Wir waren also auf dem richtigen Kurs.

Dann begann der Schlamassel. Unser Geschäftsleiter, den wir in Paris angestellt hatten, wollte das Geschäft an sich reißen Die nun endlosen Streitereien wurden unerträglich und ermüdeten uns, wir hatten keine Lust mehr. Ich war maßlos enttäuscht. Wenn die Fernsehstation an mangelndem Interesse der Leute gescheitert wäre, oder die Arbeit uns überfordert hätte, könnte ich dies verschmerzen, aber nicht, dass uns Machtspiele innerhalb unserer Gruppe zu Boden brachten. Wir sassen in der Sackgasse und wollten die Fernsehstation verkaufen, das war 2001. Offerten verschiedener Firmen flogen uns herein, die solidesten Angebote waren eines aus Indien und das der LTTE.

Als die LTTE behauptete, dass, falls wir die indische Firma wählten, der indische Geheimdienst die Fernsehstation allenfalls für Propagandazwecke gegen einen unabhängigen tamilischen Staat in Sri Lanka benutzen könnte, beschlossen wir an die LTTE zu verkaufen. Die folgenden Verhandlungen mit der LTTE-Delegation in Paris waren zäh. Die Verkaufssumme auf die wir uns einigten, wurde allerdings nie schriftlich festgehalten. Der Geschäftsleiter und unsere restlichen Angestellten, sollten von der neuen Leitung der LTTE übernommen werden. Der Termin für die Übergabe stand fest, doch plötzlich weigerten sich mehrere unserer Angestellten, für die LTTE zu arbeiten. Trotzdem übernahm die LTTE die Fernsehstation termingemäß. Unsere Angestellten, welche abspringen wollten, arbeiteten noch ein paar Tage für die Übergabe. Die neue Führung setzte alles daran, dass die Fernsehstation weiterlaufen konnte, aber davon, die vereinbarte Summe an uns zu bezahlen, war plötzlich nicht mehr die Rede.

Es kam noch schlimmer. Die Nachricht, dass die Fernsehstation verkauft worden war, verbreitete sich in Windeseile in der tamilischen Diaspora. Unsere Kreditgeber forderten ihr Geld zurück. Jetzt stand ich vor einem riesigen

Problem. Denn ich überwies schon laufend Zinsen für das investierte Geld und es fielen mir keine Bekannten mehr ein, bei denen ich Geld leihen konnte, um weitere Kredite zurückzubezahlen. Meine Geschäftspartner erlebten das gleiche Fiasko, aber zum Teil waren sie noch schlechter dran als ich, da sie nicht so gut verdienten. Ich feilschte mit meinen Kreditgebern, worauf zwei, die mich gut kannten, auf die Zinszahlungen verzichteten. Allerdings wollten sie ihre investierte Summe innert kürzester Frist zurück.

Meine finanzielle Situation wurde zunehmend prekärer. Monatlich brachte ich beispielsweise sechshundert Franken Zinsen für eine Verschuldung von zwanzigtausend auf. Dies zog sich zwei Jahre lang fort und endlich erlaubte mir der Bekannte, ausnahmsweise einen Anteil von fünftausend Franken zurück zu zahlen. Der Zinssatz senkte sich, trotzdem konnte ich ihm erst nach vier Jahren die restliche Summe übergeben. Insgesamt investierte ich in diesem Fall fünfundvierzigtausend Franken für die zwanzigtausend Geliehenen. Dies war aber nur einer von mehreren Krediten, die gleichzeitig liefen. Ich versuchte alles, um meine Situation zu retten, versuchte sogar meine Wohnung zu verkaufen, fand aber keinen Käufer.

Einem tamilischen Bekannten, der mir vierzigtausend Franken geliehen hatte, versuchte ich das Geld in Raten abzustottern. Er akzeptierte dies aber nicht, das war ja so nicht üblich, und er erklärte mir, er habe selber einen Kredit aufgenommen, und mir nur Geld geliehen, damit er seine Zinsen bezahlen könne. Solche gegenseitigen Verschuldungen waren bei uns gang und gäbe. Schließlich kündigte ich meinem Bekannten an, dass ich nur eine Möglichkeit sähe, den Kredit zurückzubezahlen. Er solle bei der Bank einen Kredit aufnehmen, um für seine Schulden aufzukommen, ich würde seine Schulden direkt der Bank ratenweise zurückzahlen. Er war glücklicherweise damit einverstanden. Zu dieser Zeit erhielten einige meiner tamilischen Bekannten eine B-Bewilligung, also einen besseren Aufenthaltsstatus. Ich freute mich für sie und für mich, da sie nun auch für mich Bankkredite aufnehmen konnten. Ich bot ihnen an, ihre Raten an die Bank zurückzubezahlen und zusätzlich für sie einen Zins zu bezahlen, damit das Angebot für sie interessant wurde. Auch einen Schweizer überzeugte ich von der Idee, er lieh mir dreißigtausend Franken. So schoben wir Schulden hin und her. Die mühsame Rückzahlung meiner Schulden sollte viele Jahre dauern. Einerseits tat dies weh, andererseits war es meine Rettung.

Als wir uns eingestanden hatten, dass die neuen Besitzer des Satellitenfernsehens nicht vorhatten, ihre Verpflichtungen uns gegenüber zu erfüllen, das heißt, uns auszuzahlen, blieb uns als letzte Hoffnung, die oberste LTTE-Leitung in Sri Lanka in Kenntnis zu setzen. In den zwei Jahren in denen die LTTE unrechtmäßig unsere Fernsehstation betrieb, als gäbe es nichts Normaleres, verfassten wir zwei Schreiben an den LTTE-Hauptsitz in Kilinochi. Doch die Leitung der LTTE in Sri Lanka reagierte nicht.

Meine Kameraden der Gruppe litten genauso wie ich, die finanzielle Situation wurde für manche katastrophal, oft raubte mir eine unsägliche Wut den Schlaf. Ich hatte eine gute Stelle und einen guten Lohn, konnte mich aber kaum vor Schulden retten, während sich andere mit unserer Fernsehstation brüsteten. Das machte alles keinen Sinn.

Schließlich hatte einer von uns die verwegene Idee, nach Sri Lanka zu reisen, zum Kriegsherrn der LTTE Prabhakaran höchstpersönlich, um ihm unser Anliegen darzulegen. Diese Idee schien mir völlig unrealistisch. »

19) Audienz in Kilinochi

« Prabhakaran, der Anführer der LTTE, lud uns im Dezember 2003 ein, am Hauptquartier in Kilinochi unser Anliegen betreffend Satellitenfernsehen zu besprechen. Vielleicht waren wir leichtsinnig uns diesem Abenteuer auszusetzen, trotzdem sagten wir zu. Es wäre ein Leichtes für die LTTE, uns nach der Ankunft in Kilinochi einfach verschwinden zu lassen. Wer würde schon in die unsichere Gegend reisen, um nachzuforschen, wo wir geblieben sind, und was würde es mir dann noch nützen?

Vielleicht ist es eine elende Rattenfalle, dachte ich, andererseits stand für Einzelne unserer Gruppe schlichtweg die Existenz auf dem Spiel. Wir reisten zu fünft, ich übernahm den Kauf des Flugtickets eines unserer Mitreisenden, da er kein Geld mehr für diese Reise hatte. Nach Kilinochi fuhr ich nicht nur als Bittsteller zum LTTE-Hauptquartier, dort wohnte auch meine alte Mutter. Ich war nervös und konnte kaum noch arbeiten, nicht nur wegen des Besuchs bei der LTTE; denn nach neunzehn Jahren würde ich zum ersten heimatlichen Boden betreten. Obgleich ich so viele Jahre gewartet hatte, fürchtete ich mich nun davor, was ich antreffen würde.

Den anstrengenden Flug aus der Schweiz überstanden, übernachteten wir in Colombo bei Verwandten von einem unserer Gruppe. Früh am nächsten Morgen ging es mit einem gemieteten Minibus mit Fahrer weiter, Richtung Kilinochi im tamilischen Norden des Landes. Nach Vavuniya, etwa dreihundert Kilometer nördlich von Colombo, passierten wir die erste Straßensperre der Armee. Wir kamen immer wieder an Armeelagern vorbei; ein großer Teil der tamilischen Gebiete war unter singhalesischer

Kontrolle, alles schien ruhig, Singhalesen und Tamilen lebten anscheinend friedlich zusammen. Ab und zu passierten wir zerstörte Häuser und Überlandtrassen. Ich genoss die Fahrt vorbei an endlos scheinenden Reisfeldern, Kokospalmen und bevölkerten Märkten. Ich fühlte mich wieder zuhause, nur manchmal kroch die Angst vor dem Treffen mit dem LLTE-Chef hoch.

Vor meiner Reise hatte mein Bruder Baba organisiert, dass sich zu meiner Begrüßung alle meine Geschwister aus den umliegenden Dörfern Kilinochis, bei meiner Mutter, einfinden.

In Kilinochi angekommen, verbrachte ich einen wunderbaren Tag mit ihnen. Sie schlachteten mir zu Ehren ein Schaf, Nachbarn besuchten uns, neugierig darauf den gealterten Migranten zu sehen. Es ist natürlich unmöglich, sich seine Verwandten und Freunde neunzehn Jahre älter vorzustellen, da nützen auch Fotos nichts, welche die Familie uns über die Jahre nach Pratteln geschickt hatte. Es war etwas gespenstisch und überwältigend zugleich, Kinder zur Zeit meiner Flucht waren jetzt junge Eltern, andere hatte ich noch nie gesehen. Komischerweise gelang es mir nicht, mir vorzustellen, dass auch ich für sie gealtert war. Die Zeit reichte nicht aus, um uns ausgiebig auszutauschen. Meine Verwandten hatten alle kein normales Leben geführt in den letzten Jahren, die meisten hielten sich fern von den bewaffneten Auseinandersetzungen, was ihnen aber Gewalt und Bedrohung nicht ersparte. Andere waren in die LTTE eingetreten, im Glauben, so die Rechte der Tamilen durchsetzen zu können.

Mein Neffe Pratheeban, ein Sohn meiner Schwester Varathy, hatte als LTTE-Kämpfer ein Bein verloren, sein anderes war gelähmt. In seinem Körper steckten Gewehrkugeln, welche die Ärzte nicht entfernen konnten. Er zeigte mir stolz sein Fotoalbum, Fotos wie er von LTTE-Vorgesetzten dekoriert wurde, Pratheeban in Uniform, mit der Waffe posierend. Ein anderer Neffe, Mohan, ein Sohn meines Bruders Somu, den ich nur als Baby gekannt hatte, fuhr in der LTTE-Uniform auf einem Motorrad vor. Der zwanzig jährige Neffe kämpfte bereits seit sechs Jahren für die LTTE. Auch er hatte sein Fotoalbum dabei. Sein rechter Arm war gelähmt und Kugeln steckten noch in seinem Kopf. Da er offensichtlich litt, bot ich ihm an, im Ausland eine Operation zu organisieren, falls er einen Weg fände Sri Lanka zu verlassen. Er erwiderte etwas mutlos, er wolle es versuchen, fügte aber hinzu, falls es wieder Kämpfe gäbe, würde er sich als Selbstmordattentäter melden, um seinen Qualen ein Ende zu setzen.

Am nächsten Tag machten wir uns zum Sitz der LTTE in Kilinochi auf. Wir wurden von mehreren LTTE-Kämpfern etwas frostig begrüßt und umgehend zum Essen in die LTTE-Kantine geführt. Sie war einfach möbliert, mit karierten Plastiktischtüchern über den Holztischen. Ich weiss nicht was ich erwartet hatte, aber ich war etwas enttäuscht.

Ein Fahrer wurde uns zugeteilt, der uns kurzerhand auf eine Touristenfahrt mitnahm, die anscheinend allen Besuchern des Hauptquartiers verordnet wurde. Wir erkundeten Kuhweiden, Reisfelder und Palmenwälder, begleitet von LTTE-Liedern die aus dem Autorekorder schepperten, gängige den Kampf verherrlichende Lieder, wie wir sie ohne Unterlass im tamilischen Teil des Landes hörten. Die Fahrt führte über geteerte Straßen, an der bedeutende LTTE-Kader wohnten, und Staubstraßen, an denen die anderen hausten. Die Kriegsschäden und die Minenfelder im tamilischen Norden, welche uns in der Schweiz am Fernsehen beeindruckt hatten, wurden uns erspart. Der Bus stoppte vor einem runden offenen Pavillon in Mulliyawalai, dessen Palmendach rote und gelbe Wimpel zierten, den LTTE-Farben. Der Leiter eines Feldspitals stellte uns den Bewohnern der benachbarten Häuser vor. Es waren dauerhaft durch den Krieg Behinderte, manche in Rollstühlen, andere auf Betten liegend. Es war bedrückend und ich fragte mich, ob diese Verletzten auch als Selbstmordattentäter enden würden, wie vielleicht mein Neffe Mohan. Endlich ging es weiter, am Meer entlang, an Friedhöfen mit hunderten von Gräbern vorbei, manche davon ganz frisch. Eigentlich ist für Hindus die Feuerbestattung obligatorisch, da die LTTE-Kämpfer offenbar als Helden in den Tod gingen, beerdigten sie aber ihre Mitstreiter. Überall auf diesen Friedhöfen wehten rote und gelbe Wimpel. Vor jedem Friedhof stellte der Fahrer aus Rücksicht die Musik leiser. Die ‚National flower', die Flammenlilie, welche Prabhakaran, dem LTTE-Führer, gewidmet ist, war überall präsent. Auch der Tigerkopf, das Logo der LTTE, thronte auf den zahlreichen Monumenten. Am Strand lag ein in Sri Lanka bekanntes Wrack eines Kriegsschiffs, das die LTTE der Armee abgenommen hatte. Die Armee bombardierte es nach dem Verlust, um es untauglich zu machen, wobei es in zwei Teile zerbrach. Schon etwas mürbe von der unfreiwilligen Exkursion hielten wir vor einem LTTE-Kinderheim, das eine frühere Kämpferin leitete. Die junge Frau wurde mit dieser Aufgabe betraut, da sie im Kampf ein Bein verloren hatte. Sie begrüßte uns misstrauisch. Ich fragte mich, ob sie froh war, oder im Gegenteil bedauerte, dass sie nicht mehr an den Kämpfen teilnehmen konnte. Eine Tafel wies die Besucher auf die Anzahl der beherbergten Kinder und andere Kinderheime hin. Hier wohnten rund hundert Kinder, die sich alle zu unserem Empfang versammelten und ein Lied vortrugen, es war wohl das Gleiche bei allen Besuchen. Es tat mir weh, diese Kinder zu sehen, die vielleicht ihre Eltern im Krieg verloren hatten, hier abgestellt wurden und vielleicht bei Gelegenheit als Kindersoldaten eingesetzt würden.

Ich bemerkte eine durchbrochene Hausmauer, ein Loch

offensichtlich durch Schüsse entstanden. Stolz wurde uns die Toilette vorgeführt, welche das Rote Kreuz für das Heim gestiftet hatte.

Als der Bus uns nach Mullaitivu brachte, Prabhakarans Hauptquartier etwas außerhalb von Kilinochi, war ich zuversichtlich, dass wir nun endlich zur Sache kämen. Doch uns stand ein weiterer Besuch eines Kinderheims bevor, welches, wie uns anvertraut wurde, direkt unter der Leitung von Prabhakaran stand. Langsam begann ich zu zweifeln, ob der LTTE-Anführer überhaupt in Kilinochi sei, vielleicht sollten die LTTE-Leute uns zwischenzeitlich beschäftigen.

Die Heimleitung empfing uns in einem Zelt, welches den Kindern als Aufenthaltsraum diente. Wir besichtigten die Bunker des Heims und die Kinder sangen Loblieder auf Prabhakaran. Ein Besuch in einem Blindenheim schloss das Nachmittagsprogramm ab. Ich hatte genug gesehen.

Zurück in Kilinochi wurden wir in ein Haus geführt, wo wir essen und schlafen konnten. Die Umgebung war wunderschön, zum ersten Mal seit Jahren stand ich wieder unter Mangobäumen, sah Guyavas und Papageien in den Bäumen. Trotzdem fühlte ich mich leer. Noch nie war mir der Kontrast zwischen dieser paradiesischen Landschaft und der Zerstörung der Infrastruktur und der sozialen Beziehungen in Sri Lanka so bewusst geworden. Ich sehnte mich nach meinem manchmal faden Leben in Pratteln.

In diesem Haus in Mullaitivu diskutierten wir die nächsten drei Tage mit hochrangigen LTTE-Kadern die Zukunft unserer Fernsehstation. Anwesend waren unter anderem der oberste LTTE-Polizeichef, der Finanz- und der Außenminister, der im Rollstuhl saß. Die LTTE hatte zuversichtlich schon eine Regierung nominiert. Eigentlich verspürte ich wenig Lust zum hundertsten Mal über unser Satellitenfernsehen zu reden, nahm mich aber zusammen, denn in Pratteln warteten meine unerbittlichen Gläubiger auf mich. Die Kader der LTTE schlugen vor, anstatt dass die LTTE die vereinbarte Summe für die Fernsehstation bezahle, könnten wir als Partner zusammenarbeiten. Da wir die Fernsehstation ja nie wirklich hatten aufgeben wollen, erwärmte ich mich schnell für diese Idee. Sie offerierten uns scheinbar uneigennützig eine zweite Chance. Wir erklärten uns einverstanden und beglückwünschten uns gegenseitig. Natürlich war der Vorschlag nicht ganz unproblematisch, die LTTE würde die Fernsehstation für ihre politischen Zwecke nutzen, ohne dass wir darauf Einfluss nehmen konnten. An eine LTTE-kritische oder auch nur neutrale Stellungnahme zum Bürgerkrieg, war nicht zu denken. Aber wir sagten einfach: „Ja, das ist gut." Wir wussten ja in wessen Händen wir uns befanden. Außerdem sahen wir ein Schlupfloch aus unserem Schuldenberg, wenigstens was einen Teil der Kredite betraf.

An unserem letzten Abend führten uns unsere Gesprächspartner zu einem von bewaffneten Soldaten umstellten Haus. In einem danebengelegenen Pavillon wurde uns allen eine Mahlzeit serviert. Wir tauschten Belanglosigkeiten mit den LTTE-Leuten aus, als uns der Polizeichef unvermittelt informierte, Prabhakaran würde uns gleich empfangen. Ich hatte nicht mehr mit einem persönlichen Treffen mit dieser Legende gerechnet. Wir fühlten uns geehrt, wie auch immer die Einzelnen von uns zur LTTE standen. Plötzlich trat Prabhakaran, in Uniform gekleidet, in den Pavillon ein. Dann führte er uns ins Haus, wo wir mit dem LTTE-Anführer und seinem Leibwächter in seinem Büro allein waren. Der korpulente Prabhakaran war bester Laune, er war sehr freundlich und machte Witze. Eine Karte Tamil Eelams, des geplanten tamilischen Staates, hing an der Wand. Wir setzten uns mit ihm an seinen schönen ovalen Holztisch, der ihm als Schreibtisch diente. Ich durfte Prabhakaran filmen, legte anschließend meine Videokamera auf den Tisch und ließ sie weiterlaufen. Obwohl er es merkte, verlor er kein Wort darüber. Wir unterhielten uns mit Prabhakaran über alles Mögliche, außer der Fernsehstation. Wir erachteten dies auch nicht als nötig, da wir mit seinen Leuten schon einig geworden waren. Zum Abschluss wollten wir ein Gruppenfoto und Fotos von jedem einzeln zusammen mit Prabhakaran. Auch unsere Bitten um Autogramme erfüllte er bereitwillig. Prabhakaran schrieb langsam und vor jede Unterschrift setzte er: ‚Der Wunsch der Tiger ist Tamil Eelam'. Dieser Zusatz, denke ich, diente vor allem dazu, damit niemand nachträglich einen anderen Text über seine Unterschrift setzen konnte. Er fragte, ob wir die Blätter später wegschmeißen würden und lachte: „Bis ihr in Colombo ankommt, ist wieder Krieg und ihr werdet wegen diesen Autogrammen verhaftet." Ich unterhielt mich mit ihm noch kurz über die ‚National flower' und er wunderte sich, wieso ich eine dieser Blumen in die Schweiz mitnehmen wolle. Nach einer knappen Stunde war das Treffen zu Ende. Ich gebe zu, ich war beeindruckt, ich hatte die Hauptperson des tamilischen Kampfes in Sri Lanka persönlich getroffen, die LTTE-Spitze hatte sich mit dem Problem unseres Satellitenfernsehens befasst. Wir hatten jetzt einen anderen Stand gegenüber den LTTE-Leuten, die in Paris in unserem Fernsehstudio sassen.

Nach dem fünftägigen Aufenthalt in Sri Lanka flogen wir, erleichtert und etwas stolz auf unser Verhandlungsgeschick, wieder nach Europa. Zurück in Paris mussten wir jedoch zusehen, wie die LTTE in Paris die Vereinbarung von Kilinochi einfach ignorierten, das Satellitenfernsehen Konkurs gehen ließen und das Unternehmen unter einem neuen Namen registrierten. Damit waren wir ganz einfach und vollständig draußen.

Ich war nicht einmal geschockt, einfach nur resigniert. Weiter ging es wie bisher, wieder musste ich, um meine Schulden zurückzubezahlen, noch mehr Kredite aufnehmen. Bevor ich einen Kredit vollständig abbezahlt hatte, nahm ich jeweils wieder Geld auf, um weitere Kredite abzubezahlen. Insgesamt verlor ich vierhunderttausend Franken und zahlte die Summe über mehrere Jahre zurück.

Einzelne unserer Gruppe waren vollständig ruiniert; andere hatten am Anfang nur das Basiskapital beigesteuert, und nichts mehr weiter. Wenn wir uns beklagten, sagten unsere tamilischen Bekannten: „Woher hattest du so viel Geld? Brachtest du es aus Sri Lanka mit? Oder liehst du es hier von den Tamilen? Dann musst du es ihnen auch zurückbezahlen!"

Auch meine Tochter fragte: „Warum geben dir die Tamilen Geld? Nur auf dein Wort? Es gibt ja keine Garantie oder ein Pfand." Ich antwortete nicht. Sie konnte ja nicht wissen, was Geldverleihen bei den Tamilen bedeutet. Ich hatte immer versucht, meine Familie aus dieser Schuldengeschichte herauszuhalten. Es war eine sehr beeindruckende und schlechte Erfahrung in meinem Leben. »

20) Fremd geblieben

« Am 26. Dezember 2004 riss uns die Nachricht über den Tsunami im Indischen Ozean aus dem Schlaf. Wir, die gedacht hatten, die schlimmsten Leiden schon zu kennen und die brutalsten Fernsehbilder aus Sri Lanka schon hinter sich zu haben, sassen nun entsetzt, und dies tagelang vor dem Fernseher und starrten auf die verwüsteten Küstengebiete unserer Heimat, wo der Tsunami ganze Dörfer weggeschwemmt, Boote, sogar Schiffe weit ins Landesinnere getragen, Häuser mitgeschleift, Menschen und Tiere ertränkt und begraben, und auf dem Küstengebiet eine hässliche Schlammschicht und geknickte Bäume hinterlassen hatte. Wir hatten so etwas noch nie gesehen, niemand hatte so etwas schon erlebt, und noch weniger geahnt. Wir hörten verrückte Geschichten, vom Leiter eines Kinderheims, der die heranrasende Welle durch das Fenster kommen sah, die Kinder in ein Boot packte, dem Tsunami entgegenfuhr und sie so tatsächlich rettete. Von Menschen, die zusahen, wie ihre ganze Familie im tosenden Wasser verschwand. Die paradiesischen Strände Sri Lankas waren zur Todesfalle geworden, den Fischern, welche nicht schwimmen können, ihren Familien, allen. Ich war wie betäubt, und wenn ich nicht mit meiner Familie wie hypnotisiert vor dem Fernseher saß, telefonierte ich mit Bekannten in Sri Lanka, der Schweiz, Deutschland, überall, um Nachrichten von Verwandten zu erhalten; aber auch um Menschen zu trösten, die bei der Freiplatzaktion in dieser Situation Hilfe suchten. Manche Tamilen in der Schweiz erfuhren per Telefon, dass sie in Sri Lanka jetzt keine Familie und kein Haus mehr und ihre Freunde verloren hatten. Es entspricht nicht der tamilischen Kultur laut zu jammern, zu weinen und den Leuten sein Leid zu klagen, schon gar nicht gegenüber Außenstehenden und schon gar nicht in einer fremden Kultur, mit der wir so wenig gemeinsam hatten, und das war die Schweiz mehr denn je in diesem Augenblick. Unsere Versuche, bei der Freiplatzaktion Hilfe anzubieten, die über das Materielle hinausging, einen Raum zu bieten, wo sich die Betroffenen aussprechen können, scheiterten an der Scham, andere in die eigene Seele sehen zu lassen. Es kam nur zu einem einzigen Treffen, ein gutgemeinter, aber unbeholfener Versuch der Schweizer, eine Art Trauerzeremonie zu improvisieren.

Aber auch diese schmerzliche Zeit ging vorüber. Mein Leben verlief ohne große Aufregung, der Alltag bei Novartis, die Fahrten nach Luzern mit der EELANADU Zeitung auf dem Rücksitz, die Freiplatzaktion, der Flüchtlingstag, das Mitenandfest, der Novartis Familientag, alles hatte sich eingespielt. Auch die Lieferung des Mittagessens, das wir aus dem tamilischen ‚Take away' für mich und andere Mitarbeiter der Novartis organisierten war Routine; wenn ich Abwechslung wollte, holte ich mir einen Kebab beim Türken an der Ecke. Ich kaufte mir einen gelb schwarzen Smart, darin war mein zusammenklappbarer Roller verstaut, den ich für die Strecke zwischen dem Parkplatz und dem Novartisbüro benutzte. Ich wollte schnell sein, ich engagierte mich immer noch für mehrere Tätigkeiten gleichzeitig. Bei einer Fahrt nach Hause begann der Motor meines Smart so zu dröhnen, dass ich ihn meinem Garagisten Cueni brachte. Er war im Kirchenvorstand von Röschenz, der zu dieser Zeit tagein tagaus mit der Verteidigung des aufmüpfigen Pfarrer Sabos gegenüber der Landeskirche, beschäftigt war. Ständig war der Garagist mit Unterredungen, Sitzungen und Pressekonferenzen beschäftigt und kümmerte sich deshalb nicht um mein Auto. Er lieh mir einen Ersatzwagen und ich vergaß bald fast mein eigenes Auto.

Es ging mir nicht schlecht in diesen Jahren, ich weiss nicht, ob es mir gut ging, jedenfalls hatte ich, verglichen mit anderen Tamilen, eigentlich Glück mit meiner Situation.

Meine Mutter Nagarthinam besuchte uns im März 2006. Es war der erste Besuch der schon über Siebzigjährigen in der Schweiz. Sie war nicht neugierig auf das Land, wollte aber mich und meine Schwester mit unseren Familien unbedingt sehen; sie erhielt ein dreimonatiges Besuchervisum. Als sie ihr Dorf bei Kilinochi für ihre erste Auslandsreise verließ, war es dort relativ ruhig. Wenige Tage später, als meine Mutter ihre Tage bei uns auf dem Sofa absaß, wurde ihr Dorf bombardiert. Kilinochi, der Hauptsitz der LTTE, war einer der wichtigsten Ziele für Angriffe der Armee. Als meine Mutter vernahm, dass Kilinochi bombardiert wurde, war sie entsetzt und wollte am liebsten wieder nach Hause. Außerdem waren ihr ihre Enkel fremd, Shan sah sie zum ersten Mal, ich war ihr fremd und die Welt, in der wir lebten noch viel mehr. Ohne großes Bedauern flog sie wieder in ihr umkämpftes Dorf zurück.

Der enthusiastische Besuchsboom der tamilischen Diaspora in Sri Lanka dauerte kaum zwei Jahre an. Die Anzeichen begannen sich zu häufen, dass der fragile Frieden nicht mehr lange halten würde. Im Gegensatz zu Banda Aceh, in Indonesien, wo der Tsunami wenigstens bewirkte, dass die Regierung Friedensbemühungen unternahm, kam es in Sri Lanka zu keinem solchen positiven Effekt. Ab März 2006 wurde wieder über heftige Kämpfe berichtet. Wir konnten nur hilflos zusehen, wie Sri Lanka in die nächste Kriegsphase schlitterte. Allein die Zahl der intern Vertriebenen Sri Lankas wurde jetzt auf fünfhunderttausend geschätzt.

Der verletzte Mohan, den ich bei meinem Besuch in Kilinochi angetroffen hatte, und für welchen ich eine Operation in der Schweiz organisieren wollte, starb am dreizehnten August 2006 als Selbstmordattentäter.

Sri Lanka war verloren in einem Krieg, den niemanden außer uns interessierte.

Ich würde in dem Haus in Pratteln alt werden und die Kinder würden uns nicht mehr brauchen. Ich hatte Angst davor, später einmal als alter Mann, allein herumzusitzen, so wie es in der Schweiz für die alten Menschen anscheinend normal ist. Oder Isa und ich würden zusammen vereinsamen. Wir schoben diese Zukunft vor uns her und fühlten uns zu zweit eingesperrt. Dann jährte sich wieder einmal das Mitenand Fest; Isa und ich hatten uns gestritten und fuhren wütend zum Festplatz in Pratteln, wo ein Marktstand für uns bereitstand. Wir führten einen der drei tamilischen Essensstände. Wir richteten unsere Wärmeplatten und Pfannen mit den vorgekochten Gerichten ein und lächelten den Leuten freundlich zu. Normalerweise freute ich mich auf diese Feste, da ich viele Bekannte traf und die Stimmung, für Basel jedenfalls, außerordentlich fröhlich war. Aber heute war mir nicht danach zumute. Endlich war die Sache am Abend zu Ende und wir packten schweigend alles wieder ein. Erschöpft vom Tag stellten wir das ganze Geschirr in eine Wohnzimmerecke. Ich hatte für mehrere hundert Leute gekocht, fand es also nur recht, dass Isa alles abwusch. Sie aber meinte, ich sei es, der jedes Mal von neuem für das Mitenandfest zusage, da sei der Aufwand damit auch mein Problem, sie habe jetzt schon den ganzen Tag geholfen. Es seien ja nur die Töpfe, für den Rest hatten wir Gemeindegeschirr verwendet. Am nächsten Abend stand das Geschirr immer noch da. Weder ich noch Isa lenkten ein. Die Töpfe standen noch mehrere Tage so in unserem Wohnzimmer, wo sonst immer alles pingelig sauber war. Das Zeug begann zu schimmeln und ich warf in meiner Wut alles weg.

Auch meine Beziehung zu meiner Tochter Sujeetha hatte sich verändert. Sie war erwachsen geworden und wurde in vielem unsere Familienratgeberin. Wenn wir in der Familie etwas entscheiden mussten, war sie immer da, wenn auch meist nur telefonisch von Hamburg aus. Ich redete gerne mit ihr und lernte auf diese Weise vieles über die junge Generation. Aber auch sie brauchte mich, wenn ihr Mann auf Geschäftsreise war und sie für ihr Studium auf Prüfungen lernen musste. Dann reiste ich an Wochenenden nach Hamburg und sorgte für sie und meine Enkelin Noemi Sharmila. Ich kaufte ein, kochte für die beiden, spülte das Geschirr, fütterte Sharmila, spielte mir ihr und ging mit ihr spazieren. An den Abenden plauderte ich mit Sujeetha. Wenn ich dann am Sonntagabend spät in Basel eintraf, fuhr ich manchmal noch nach Luzern, um die EELANADU Zeitungen abzuliefern. Wenn ich zu müde war, chauffierte mich Shan nach Luzern und ich kochte ihm zum Dank vorher ein Fischcurry. Am nächsten Tag saß ich wieder bei Novartis am Schreibtisch, wurde manchmal freigestellt für Übersetzungen beim Gericht, und ging als Vizepräsident zu den Sitzungen der Freiplatzaktion. Nach anderthalb Jahren konnte ich auch meinen reparierten Smart beim Garagisten abholen.

Shan und Pratheeb entschieden sich beide für eine Informatiker-Lehrstelle; Isa leitete weiterhin den Treffpunkt für tamilische Frauen und unterrichtete wieder an der ,Tamilischen Schule'.

Mein Leben war in ruhige Bahnen gelangt. Aber wenn es zu ruhig wurde, hatte ich immer wieder eine Idee, wie die, zusammen mit meinem singhalesischen Freund Janath Thilagratna, für die Schulkinder in Padawela Fahrräder zu sammeln. Der Freund schrieb mir, dass es in seinem Heimatdorf zwar eine Primarschule gäbe, dass die Schüler aber für die nächst höhere Stufe einen Schulweg von zehn Kilometern ins nächste Dorf in Kauf nehmen müssten. Deshalb würden die meisten von ihnen die Schule abbrechen. Ich dachte, es ist leicht in Basel Fahrräder zu sammeln und erhielt nach meiner Anfrage hundertfünfzig Räder aus dem Fundus von Basel-Stadt. Ich gründete einen kleinen Verein, es kamen über zweihundert Fahrräder zusammen, ich sammelte Geld für den Transport per Schiff. Es tat mir selber gut solche Sachen zu machen, es war sinnvoll, denn in Sri Lanka fehlte es eigentlich an allem.

Wie ich haben viele Tamilen in der Schweiz heute einen geregelten Aufenthaltsstatus, das heißt sie können eine Arbeit suchen, die es ihnen ermöglicht mit ihrer Familie davon zu leben, dank der Regelung der vorläufigen Aufnahme. Diese erhielten sie wie ich, unter Verzicht auf ihr Asylgesuch, welches ohnehin kaum Chancen gehabt hätte. Nur wenige Tamilen wurden in all diesen Jahren in der Schweiz offiziell als Flüchtlinge anerkannt. Dies wurde den meisten verwehrt, da die heute rund vierzigtausend in der Schweiz lebenden Tamilen in Sri Lanka meist nicht gezielt verfolgt worden waren, ebenso wie die im Krieg in Sri Lanka getöteten Zivilisten, welche sich einfach zufälligerweise zur falschen Zeit am falschen Ort aufgehalten hatten.

Ich blieb in der Schweiz ein Fremder. Ich sehe alles wie durch eine reinlich geputzte Glasscheibe. Wir winken uns von beiden Seiten zu, manchmal. Ich bin in der Schweiz zuhause, aber das will nichts heißen. Ihre Musik, ihre Bilder, ihre Bücher, ich brauche sie nicht.

Ich schaue die Schweizer Nachrichten, aber sie interessieren mich nicht, außer wenn es mich direkt betrifft, Arbeitsrecht, Novartis, Steuern, Asyl oder Ausländerrecht; nachher wechsle ich auf einen tamilischen Sender oder BBC. Meine Heimat ist Sri Lanka. Ich werde nie mehr nach Sri Lanka zurückkehren können. Auch wenn es dort einmal wirklich Frieden gäbe, für mich gibt es dort keine Sicherheit. »

21) Rückkehr nach Sri Lanka

Am 18. Mai 2009, nach 26 Jahren, als niemand es mehr erwartet hatte, erklärte die sri-lankische Regierung den Bürgerkrieg als offiziell beendet.

Die sri-lankische Armee hatte die LTTE bezwungen und den LTTE-Führer Prabhakaran getötet. Kurz vor Kriegsende kam es zu schlimmen Massakern und viele, vor allem junge Tamilen, wurden verhaftet und blieben seither verschwunden. In den darauffolgenden Jahren normalisierte sich die Situation, die Regierung unternahm den Wiederaufbau und die Wiederherstellung der administrativen Strukturen in den tamilischen Gebieten; eine riesige Herausforderung für ein Land, welches auf internationaler Ebene keine strategischen Interessen bedient und dessen tamilische Jugend nur den Krieg kannte.

Moorthy ließ sich bei Novartis frühpensionieren und kehrte in sein Heimatdorf Adampan zurück. Er kaufte Ackerland auf dem Boden, wo er aufgewachsen war, um Gemüse und Früchte anzubauen, Kleintiere zu halten und von diesem Land autark zu leben. Singhalesische Soldaten halfen ihm den Wassertank seiner Farm aufzustellen und säuberten das Gelände von nicht explodierten Landminen.

EPILOG 2023

Moorthy ist schon seit fünfzehn Jahren zurück in Adampan und kümmert sich um seine Farm, auf der er, in einem der Bungalows auf dem Gelände wohnt. Vom langjährigen Krieg in Sri Lanka ist heute im täglichen Leben nicht mehr viel zu spüren. Zwanzig Angestellte aus dem Dorf Adampan arbeiten auf der Farm, sieben von ihnen leben auch dort. Die Gemeinschaft produziert auf vier Hektar Land fast alles, was sie brauchen, Reis, Früchte, Gemüse, Getreide, Gewürze, Speiseöl und Milchprodukte, halten Tiere und legten einen Fischteich an. Der Anbau ist organisch, sie verarbeiten landwirtschaftliche Abfälle zu Biogas, nutzen Solarpanels zur Stromerzeugung und beherbergen Touristen. Moorthy und seine Mitarbeiter stellen Kräutertee her und planen diesen außerhalb Sri Lankas zu verkaufen, um den Gewinn der Farm zu steigern, die Moorthy mit seiner Pension mitfinanziert.

Er lebte mit seiner Frau Isa auf der Farm bis sie 2019 verstarb, ihre Kinder blieben in Europa. Moorthy engagiert sich auch für verschiedene soziale Projekte in der Umgebung und reist durch Sri Lanka wenn er Verwandte besucht. In all diesen Jahren war er nur dreimal zurück in Europa.

SYLVIA SANGARE

Sylvia Sangare Mollet, geboren in Basel, lebt in Mali und in der Schweiz. Nach einem Master in Psychologie und Entwicklungszusammenarbeit in Zürich, reiste sie mehrmals in den südlichen Teil Indiens und kam dort mit der tamilischen Kultur in Berührung. Später arbeitete sie in Basel für den Verein Freiplatzaktion, der Asylsuchenden aus Sri Lanka während des Bürgerkrieges beistand. Nagesh Uruthira Moorthy war damals Vize-Präsident der Freiplatzaktion. Aus Gesprächen entwickelte sich die Idee, seine Lebengeschichte aufzuschreiben. Die Biografie entstand aus Interviews mit Nagesh Uruthira Moorthy, ergänzt durch private und öffentliche Dokumente.

Printed in Poland
by Amazon Fulfillment
Poland Sp. z o.o., Wrocław

38415493R00083